You can do it by learning hard.

いつまでも変われないのは、あなたが自分の「無知」を認めないからだ。

千田琢哉
Takuya Senda

Gakken

自分の「無知」を知り、事実に基づいて世界を見渡そう。
「知る」を会得すれば、人生は大きく拓けていくのだから。

Prologue

「無知」を受容すると、人生は拓ける。

私の日常は、ひたすら読書を続ける日々の繰り返しである。
ある意味それが私の仕事だ、と言えばそれまでだが、
いつまでも飽きることがないのは、我ながら不思議だと思うこともある。
そして読書の休憩時間、
書斎の窓に映る青山通りの木々の緑を眺めながら、
私の脳裏には、常に次の思いが湧き上がる。

「本当に、自分はこの世界のことを何も知らない」

ものを知れば知るほど、疑問が生まれる。

それは何故なのか？　それは本当に正しいことなのか？

こうして私は自分の無知を、嫌というほど思い知らされるのだ。

「無知の知」と聞くと、偉大な哲学者ソクラテスを思い出す人が多いだろう。
哲学を学ぼうとすればギリシャ哲学を避けて通ることはできず、
中でもソクラテスをその淵源と考える人は多い。
厳密にはソクラテスにも師がいたし、それ以前にも哲学者はいた。
だが、哲学の歴史を切り拓いたという功績において、
ソクラテスの右に出る人物はいないだろう。
ソクラテスの思想は弟子のプラトンにより文章化され、
それが西洋思想の源流となり、のちの近代思想へと繋《つな》がっていった。

プラトンの胸に「真理の追究のために人生を捧げたい」という想いを灯したのが、
師であるソクラテスの壮絶な死に様であった。

「自分が知らないことを〝知っている〟とするべきではない」

ソクラテスはこのように一貫して主張し続け、
権力者たちの「知」に対する傲慢《ごうまん》さを激しく非難したことにより、
最後には無実の罪で死刑を宣告された。
けれども彼は決して支配者や大衆の弾圧に屈することなく、
みずから毒杯をあおって真理に殉じたのである。

もしソクラテスが存在しなければ、
世界の思想は現在のように発展していたかどうかはわからない。
少なくとも、ここまで急速に発展することはなかっただろう。
そう考えると、ソクラテスの思想の核とも言える「無知の知」を味わうことは、
あなたを大きく成長させるきっかけになるはずだ。

ソクラテスの言う「無知の知」とは、

「常に謙虚でいなさい」という道徳論でもなければ、
「無知を自覚している人は、自覚していないエリートより賢い」という教訓でもない。
「無知の知」の本当の意味は、次の教えにある。

「もしあなたが本気でこの世の真理に近づきたければ、〝自分が知らない〟という、ありのままの事実を受容せよ」

現在、インターネット上では、自分と異なる意見を〝絶対的な誤り〟として、付け焼き刃の知識で非難、攻撃する「知のマウンティング」が蔓延している。
言うまでもなく、それは人間が知的に生きる道から大きく逸脱する行為だ。

知ったかぶりは人を真理から遠ざけてしまう最低・最悪の行為であり習慣である。

自分の「無知」を知り、事実に基づいて世界を見渡してみよう。
この世には自分が知らないことが無数にあるという、

ありのままの事実を受容すれば、
人間は放っておいても知への欲望が湧き上がる。
そして「知りたい！」「どうしても理解したい！」と思うようになるはずだ。
「知る」を会得し、学びを続けることで人生は大きく拓けていく。
勇気を持って自分の「無知」を受容することから、
あなたの明るい人生は始まるのだ。

２０１９年９月吉日　南青山の書斎から　千田琢哉

You can do it by learning hard.

CONTENTS

本当の「知る」を、あなたは知らない。

You can do it by learning hard.

CHAPTER 1

Understanding

You can do it by learning hard.

CHAPTER 2

Job

本当の「仕事」を、あなたは知らない。

本当の「勉強」を、あなたは知らない。

You can do it by learning hard.

CHAPTER 3

Study

本当の「対人関係」を、あなたは知らない。

You can do it by learning hard.
CHAPTER 4
Personal relations

本当の「読書」を、あなたは知らない。

You can do it by learning hard.

CHAPTER 5

Books

本当の「人生」を、あなたは知らない。

You can do it by learning hard.

CHAPTER 6

Life

ブックデザイン／井上新八
本文ＤＴＰ／アスラン編集スタジオ

You can do it by learning hard.

CHAPTER 1

Understanding

本当の「知る」を、
あなたは知らない。

Chapter1
Section
01

「知る」とは、
「今まで恥ずかしいことをしてきた」とハッと気づくこと。

たとえばマナーを知らない人が、マナーを知ると、ハッとする。
「今まで恥ずかしいことをしてきた」と気づかされる。
これが、知るということだ。
知らなければ、自分が恥ずかしいことをしているということにすら気づかない。

知らないことは、この世に存在しないのと同じだからである。

18世紀、アイルランド出身の哲学者バークリーは、
「存在するということは知覚されることである」と主張して世界を混乱させた。
これは換言すれば、
「知覚されないものはこの世に存在しない」という考え方である。
「だったら知らないほうが気楽でいいじゃないか」と考える人もいるだろう。
だが、それでは生きることを放棄したことになるし、
何より、成長する悦《よろこ》びを味わえないだろう。
せっかく地球上の生物の中でも突出した頭脳を授かったのだから、

人は何かについてよりよく知って、成長する使命があると私は考えている。
マナーに限らず、これまで知らなかったことを知ることで、世界は広がっていく。
たとえば、小学校の算数の授業中に、
「ボクのこんな天才的な疑問を解決できる教師はいないだろう」
と悦に入っていた少年が、高校に進み、それが「微分積分」であることを知る。
「天才だと思っていた自分の疑問は、とっくに解決されていたのか！」
彼はこう思い、恥ずかしくなると同時に目の前に道がパッと拓けるだろう。
それがきっかけで、数学者の道を選ぶことになるかもしれない。
あるいは、多くの同級生たちと語り合う時に、
「絶対的な真理なんて存在しないさ」「価値観は人それぞれだ」
などと持論を展開している自信家がいたとしよう。
その人は生まれて初めて哲学書を読んだ際に、きっとこう気づくはずだ。
「自分が無敵だと自惚《うぬぼ》れていた論法は、
遥か紀元前に哲学者プロタゴラスが考え出していた」
「プロタゴラスの相対主義を踏まえた上で、
ソクラテスはそれを乗り越えようと真理の追究に生涯を捧げたのだ」

恥ずかしくなると同時に、その人の目の前には道がパッと拓けることだろう。
それがきっかけで、哲学者の道を選ぶことになるかもしれない。

知るということは、今まで自分が恥ずかしいことをしてきたと気づく行為だ。そして「知る」という行為から逃げることは、人として最も恥ずかしい生き方だ。

知らないことが恥ずかしくても大丈夫だ。
恥ずかしさを乗り越えてこそ、本物の人生が始まるのだから。

学びのPOINT

物を知らないことは恥ずかしい。だが、知らないのに知っているふりをすることは、その数倍も恥ずかしい。

Chapter1
Section
02

マウンティングは、「知」の敗北の証。

自分が敗北を悟った瞬間、反射的に「擬似マウンティング」をしてしまう人がいる。
格下の立場の者が格上の者に向かって、
「自分は負けていないぞ！」と威嚇《いかく》するのだ。
自分が優位であることを示そうと、
猿が相手に馬乗りになってゆさぶるような、極めて原始的な行為である。
「自分は負けていないぞ！」と、
わざわざアピールしなければならないということは、
その時点で敗北が確定していることになる。

真の強者はわざわざマウンティングしなくても、
自分が勝者であると自覚しているからだ。

こうして本を読んでいる時なら、
あなたも「マウンティングは醜《みにく》い」と理解できるだろう。
ところが現実世界では、避けようもなく、
マウンティング合戦の嵐に巻き込まれる可能性が高い。

学校や会社、いや人が二人集まると、もうそこでマウンティング合戦が始まる。
母親同士で、子どもが通っている学校名をそれとなく確認し合う理由とは何か。
どちらが上の立場になれるかを、素早くチェックするためである。
自分のほうが上だとわかれば、
露骨には喜ばなくても心の中ではガッツポーズである。
あとは放っておいても自分が勝ちだから、すべての話を黙って静かに聞き流せる。
自分のほうが下だとわかれば、
露骨に悔しがることはなくても心の中では泣いている。
このままでは収まらず、夫の会社名や出身校、最後には年収まで持ち出して、
どこかで「部分勝ち」できるまで勝負を挑み続けてしまう。
こうした光景は、あなた自身の周囲も含めてあちこちで見られるはずだ。
取引先との商談で、若いお客様が自分よりもよく知っているとつい嫉妬して、
「自分はもっと知っているぞ！」とマウンティングしてしまう中年はとても多い。
すると格上の相手ほど格下の力量はお見通しで、結局その取引は破談に終わる。
こんなことを繰り返していれば、いつまでも契約が決まることはない。
だから、出世も遠のいていく。

性格も悪く能力も低いと評価されて、負のスパイラルへ突入してしまう。
大切なことは、こうしたマウンティング合戦を自分から始めないのはもちろん、
巻き込まれるような環境に身を置かないことだ。

一度でもマウンティング合戦を挑まれたら、
もう、その人とは絶縁していい。

自分からマウンティングをするのは「知」の敗北の証だ。
そして、そこに巻き込まれてしまう自分も、相手と同レベルだと知っておくべきだ。
あなたの周囲でトップの成績を維持し、輝いている人を思い浮かべてみよう。
マウンティングをしないのはもちろん、巻き込まれる場所にもいないはずだ。

学びのPOINT

マウンティングは相手を感情的に威嚇する醜い行為だ。仕掛けられたら、さっさとその場所を離れよう。

Chapter1

Section

03

謙虚さは道徳の問題ではなく、知性の問題である。

「謙虚であることは素晴らしい」

と無条件に信じている人がいるが、そんなことはない。

実力のない謙虚さは真の謙虚とは程遠く、単なる卑屈な態度に過ぎない。

だから、単にポーズで〝謙虚な人〟を装っているだけの者を、
真の謙虚さを備えた人間と呼ぶことはできない。

真の謙虚さを獲得するためには、
まず十分に実力をつけることが不可欠である。
なぜなら実力のない者は、
謙虚である必要などないからである。

人は実力をつけて〝強者〟になると、自信に満ち溢《あふ》れてくる。

すると、大小の差はあるものの、一時的に傲慢な気持ちが生まれるものだ。

それは人間の性として避けられない通過点で、特段に恥ずかしいことではない。

避けなければならないのは、ずっと傲慢であり続けることである。

自分の増長をストップさせるため、何らかの制御装置が必要となり、そこで初めて謙虚になる必要が生まれるのだ。

本書を読んでいる勉強家のあなたも、近い将来、傲慢になる可能性が高いだろう。

傲慢になると、放っておいても周囲がヤイヤイ言いだすから、

「このバッシングは自分が強者になった合図だな」と解釈しておこう。

そして、「そろそろ謙虚モードに切り替える時だ」と路線を変更すればいい。

私は20代の頃、年上の人々から「不遜《ふそん》な男」と言われてきた。

それにもかかわらず、私はなぜ、今日まで生きて来られたのか。

それは私の「不遜」を非難することなく、評価してくれた人たちのおかげである。

人生のすべての節目で、彼らが私のことを依怙贔屓《えこひいき》して引き上げてくれたのだ。

私は30代になって、当時の私を依怙贔屓してくれた恩人たちに理由を聞いた。

すると、彼らは異口同音にこう教えてくれた。

「自分も若い頃は、君以上に不遜だったからね。

謙虚さは人に言われて習得するものではなく、
バッシングされながら自分で習得していく以外に方法はないよ。
不遜は才能があることの証なんだ」

謙虚さとは理想や道徳などという高潔な思想ではなく、実力や知性という、生命の根幹にかかわる戦略の一部なのである。

19世紀、哲学者ニーチェが洞察したように、
もともと古代においては「強者」が「善」であり、「弱者」が「悪」であった。
キリスト教が広まってからその価値観は逆転したが、
正々堂々と強者を目指すことこそが、自然の摂理に適《かな》っているのだと私は思う。

学びのPOINT

十分な実力がない時から謙虚になる必要などはない。謙虚さは強者になってから習得すればいい。

Chapter1

Section

04

刑務所で読書に明け暮れた受刑者は、出所後に出世する。

私には刑務所に関わる機関で働く知人が何人かいるが、
彼らから聞いた興味深い事実に、受刑者たちの刑務所での過ごし方がある。
大きく分けて、受刑者には2種類の人間がいる。
ウジャウジャ群れて、派閥をつくりながら闘争に明け暮れる受刑者と、
孤独に黙々と、読書と筋トレに励む受刑者だ。
前者は出所数か月後や数年後に、再び刑務所に戻ってくる確率が高いのに対し、
後者は決して戻ってくることはなく、出所後に出世している人間さえいるという。
中には大企業の経営者になったり、人気作家として活躍していたりする者もいる。
「刑務所の塀の外に出たら、頭脳と体力がモノを言う」
彼らは刑務所にいる時から、この揺るぎのない事実を知っていたのだ。

読書に励んでいた受刑者は、必ずしも学歴が高い者ばかりではない。
小学校すらろくに通わず、本などは一度も読まなかった受刑者が、
まずは絵本から読み始め、最後には聖書や哲学書を読みこなせるようになった。
さらに興味深いことには、
読書を続けるうちに、受刑者の顔つきが日増しに輝いてきたのだという。

「これほどの人間を、いつまでも刑務所に入れておくのは惜しい」

とまで刑務官たちが思ってしまうほど、急速に知性を得ていたらしい。
会話の内容も、別人のように知的なものに変わり、
思わず敬語を使ってしまいそうになることもあったと聞く。
まるで、吉川英治の小説『宮本武蔵』に出てくる沢庵和尚《たくあんおしょう》と武蔵のようだ。
物語の中で荒くれ者だった武蔵は、沢庵和尚に独房へ放り込まれる。
独房の中には蔵書がたくさんあり、暇を持て余した武蔵は貪《むさぼ》るように本を読む。
久しぶりに面会に来た沢庵和尚から、
「調子はどうだ？」と聞かれた武蔵はこう答えるのだ。
「自分がいかに小さな存在かということに気づかされました」
きっと読書に明け暮れて出世した受刑者も、これと同じ心境だったのだろう。
知識を得るということは、物知りになることではない。

知識を得るということは、自分が何も知らない、ちっぽけな存在であると気づくことだ。

あなたがどれだけ懸命に勉強をしようと、この広大な全宇宙の中では〝針の穴〟程度の些細な事実しか知り得ない。すでに数学では不完全性定理が、物理学では不確定性原理が発見されるなど、あらゆる学問の領域で人類の知り得る〝限界〟が証明されている。

だが、それでも我々は学び続けるべきだ。

なぜなら、学ぶことは、自然界の知的実力の頂点に位置する我々人間が、天から授かった使命なのだから。

学びのPOINT

読書の目的は、物知りになることではない。自分がいかに小さな存在であるかを思い知ることである。

Chapter1
Section
05

本当の価値を知った人は、行動に移したくなる。

本を読む人が成功しやすいのは、物知りになるからではない。

読書家は自分が知らなかったことを知ると、大いに感動した結果として、何らかの行動を起こしたくなる。そうして成功の確率が大きく高まるのだ。


もちろん、これからの時代は「本」に限定する必要はない。

あなたが一番吸収しやすい媒体から学ぶことが大切である。

10年前など、ネットサーフィンをしていると渋い顔をされたものだが、現在はむしろ「貪欲に知識を吸収している優秀な人」と見られる傾向にある。

世間の見方や周囲の評価などは関係なく、あなたのお気に入りを発掘すればいい。

私自身はここ最近、音声学習にハマっている。

ワイヤレスのヘッドホンやイヤホンを使い、暇さえあれば耳で学習している。

耳が疲れたら今度は読書、目が疲れたら音声、というように交互に繰り返して、新しい知識や深い知恵に触れれば、すぐに動き出している。

どうやら人間は、本当の価値を知ったら、
思わず動いてしまうようにできているらしい。
これは個人の環境や年齢に関係なく、我々の誰にでも当てはまる事実である。
たとえば宝くじを購入し続けている人が、念願の一等前後賞に当選したとしよう。
その事実を知っていながら、「換金」という行動に移さない人がいるだろうか。
いや、いないはずだ。
宝くじの価値を認める人が、万事に優先して動き出したくなる一大事だからだ。
私が読書や耳学習で仕入れた情報もこれと同じで、
新しい知識や深い知恵との邂逅《かいこう》は、まさに宝くじに当選したようなものである。
あなたもぜひ読書を続けて、知識や知恵との邂逅を体験してほしいと思う。

本当の価値を知るということは、動くということである。

奇跡的に素晴らしい知恵と巡り合って、
一歩も動かずにいることほど辛いことはない。

そして実際に動いてみると、
知識と現実の間にギャップがあることを知り、知的好奇心が大きく刺激される。
だからますます知ろうとするし、ますます動きたくなる——。
このサイクルこそが、人生に勝利を呼び込む成功法則だと私は確信する。
私の場合は読書ばかりでなく、こうして本を執筆している最中にも、
次々にアイデアが浮かび、私自身の知恵と結びついていく。
そして私はその価値を瞬時に理解し、すぐさま執筆の内容に反映させる。

私の大好きな読書が私を創造という行為に駆り立て、
そこでの思考が私をさらに刺激し、
さらなる創造へと繋がっていくのである。

学びのPOINT

読書で「本当の価値」を知る幸運を体験しよう。
すぐ行動に移せば、成功の確率は大きく高まる。

Chapter1
Section
06

行動すると、さらに生きた知恵がどさっと獲得できる。

あなたが読書で学んだ知恵を行動に移していくと、その先に驚異的な報酬が待っている。それは、さらに価値ある知恵が、あなたの元に、どさっと集まってくることだ。

身近な例として、あなたが学んだことをSNSで世界に向けて発信してみたとする。
すると世界中から、あなたの発信にコメントが返ってくるはずである。
もちろん賛否両論はあるだろうが、その中には、
自分一人では永遠に知り得なかったような発想が含まれていることが多い。
あるいは、あなたが本で読んだ知恵を仕事で試してみたとする。
すると必ず、それに対して何らかの結果が出る。
必ずしも成功するとは限らず、失敗することも多いだろう。
そこで出た結果を冷静に分析すると、
自分一人では永遠に気づかなかったような発見が含まれているものだ。

だから、知っただけで行動しないのは、本当にもったいないことなのである。

私の場合、こうして本を執筆していれば出版社にはファンレターが寄せられるし、パソコンには世界中からメールがひっきりなしに届く。

それらの声から新しい本が生まれることも珍しいことではないし、私自身の作風もいただいた意見に大きく影響されている。

様々な業界で活躍する専門家たちから極秘情報が送られてくることもあって、未来の予測もしやすい。


それは私が情報を発信し続けている結果であり、それに対する報酬だと思っている。


あなたも実際に行動すれば、必ずそれに対する報酬が返ってくるだろう。

その報酬はお金のこともあるし、情報のこともある。

念のため、お金と情報の価値はほぼ同じだと知っておこう。

私は複数のフリーランサーと仕事をしているが、そのやり取りにおいては、情報がお金を凌駕《りょうが》している。

お金のやり取りは単なるビジネスのルーティーンとして形骸化しており、むしろ彼らが持ち込む情報に圧倒的な価値を見出している。

たとえば100万円をもらうくらいなら、それに代わる知恵を提供してもらったほうがありがたい。

そしてその知恵に対する報酬も、お金ではなく私からの知恵となることが多い。

これだと税金を払わなくてもいいし、お互いに本当に欲しいものが獲得できて、いいことばかりである。

「頭の中にある知恵という財産は、誰にも盗られることがない」

まさにこのユダヤ人の教えの通りである。

学びのPOINT

読書で獲得した知恵を頭にしまっておいてはもったいない。その知恵を行動に移せば、素晴らしい報酬が返ってくる。

Chapter1

Section

07

知ったかぶりで一番損をするのは、自分自身。

知ったかぶりをしてはいけない、そうわかっていながら、
我々はたびたびその過《あやま》ちをおかしてしまう。
人が「知ったかぶり」と思われてしまう状況として、次の二つが考えられる。
まず、自分は本当に正しいと確信したにもかかわらず、間違っている場合だ。
あなたから教わった相手は「間違ったことを教わった」と解釈するため、
結果的に、あなたの意図に反して「知ったかぶり」と思われてしまう。
私にもそんな経験は数え切れないほどあるし、今後も細心の注意を払いたいが、
どれほど注意を払ったとしても、間違いを0パーセントにできる自信はない。

以前に流行した経営用語に「シックス・シグマ」というものがあった。
「100万回の確認作業を実施して、不良品の発生率を3・4回以内に抑えよう」
という品質管理のセオリーだ。
一世を風靡《ふうび》した必勝セオリーでさえも
〝100万分の3・4のミス〟までは妥協せざるを得ないというのだから、
私がミスをゼロにする約束など、到底できるものではない。

今後も私は悪意なく相手の期待を裏切ることがあるかもしれないが、極限まで真摯《しんし》に批判を受け止めて生きる以外、方法はないと思っている。

次に、自分としても確信が持てている訳ではないのに、わかったふりをして、当てずっぽうで答えてしまった場合だ。この場合は、「自分を実際より良く見せたい」という理由が大きいだろう。

同じ嘘でも、自分のためについた嘘は罪が重い。

自分のために嘘をつく人たちの特徴は、24時間365日、ずっと自分のことしか考えていないことだ。そうして自分のために知ったかぶりをする人は、

あちこちで同じことをやらかしているから、あちこちで敵をつくってしまい、
結局は自分の悪評を自分で広めているということになる。
こうして本書を読んでいるあなたにも、思い当たる点があるかもしれないが、
そんな時は、すぐに今後の行いを改めればいいだけのことだ。

「知ったかぶりで一番損をするのは自分自身」

まずはこの事実を強く意識して、
今この瞬間から、知ったかぶりをしないと決断することだ。
何かを改善しようとすれば、まずは厳しい現実を受容することから始まる。
厳しい現実を心から受容すれば、放っておいても行動に移して習慣化できる。
そして、つい知ったかぶりをしてしまったと気づいたら、
そのたびにできる限り早く謝罪すればいい。

学びのPOINT

知らないことを「知っている」と言うのは自分への裏切り。
知ったかぶりをしていると気づいたら、すぐに謝罪しよう。

Chapter1
Section
08

専門分野のある人ほど、「わかりません」「知りません」と素直に言える。

一般的な話として、頭の良い人ほど、
「わかりません」「知りません」と素直に言うことができる。
その一方で、頭が良いとは言えない人ほど、
「わかりません」「知りません」と言うのが苦手である。
これは私が1万人以上のビジネスパーソンと対話してきた経験から、
ほぼ例外なく当てはまる法則である。
より具体的に言えば、自分の専門分野を確立し、その分野の造詣《ぞうけい》が深い人は、
他分野のことについて聞かれても、
「わかりません」「知りません」と正直に答えていた。
就活の面接でも、受け答えの態度や回答が優秀な学生ほど、
知らない質問をされた際に、「わかりません」「知りません」と素直に答えていた。

ところで、私が学生時代に1万冊の本を読んできたと知ると、
「どんな分野にも精通しているのですね」と勘違いする人がたまにいる。
1万冊の中には小説・哲学・教育・科学・ビジネス書などが含まれていたと思うが、
私の率直な感想としては、次のようなコメントを返すしかない。

「たかが1万冊の本を読んだくらいでは、自分がいかに無知なのかを再確認させられるだけ」

知識が増えるとともに、自信が漲《みなぎ》るどころか、自信はどんどん萎《しぼ》んでいった。
あなたも知っているように、
勉強とは、やればやるほど、わからないことが次々に出てくるものだ。
それも等差級数的にではなく、等比級数的にわからないことが無限に増えるのだ。

かのソクラテスにも、次のようなエピソードがある。

「ソクラテス以上の賢者はこの世にいない」

と神託を受けたソクラテスは、どうしてもそうは思えなかったため、
当時「賢者」と呼ばれていた人々の元を訪れて確認してみた。

「こんなにわからないことだらけの自分が賢者のはずがない」

と仮説を立てながら。

その結果浮き彫りになったことは、

「賢者と呼ばれる彼らはソクラテスよりも賢くない」という衝撃の事実だった。

愕然としたソクラテスは、そこで次の結論に至った。

「自分の無知を自覚できているという点で、自分のほうが賢いと言えるだろう」

経営コンサルタント時代、私は仕事上で医者と付き合うことが多かったが、中には脳外科医など脳を専門とした研究者も複数いた。

実績のある人ほど「脳については1％もわかっていない」と言い、実績のない人ほど「脳については30％程度わかってきた」と言っていた。

そのたびに私は、先のソクラテスのエピソードを思い出したものだ。

これを他人事ではなく、自分事として気を引き締めて、生涯学び続けたいものである。

学びのPOINT

実力のある人ほど自分の限界を知っている。たゆまず精進を続け、限界に挑戦することで成長が訪れる。

Chapter1
Section
09

自分から
アウトプットすることで、
インプットの質は
飛躍的に上昇する。

「知る」こととは、言い換えれば「情報を得る」ことである。
世の中に、上質の情報が欲しいと考える人は多い。
それは当然のことだ。
上質の情報とそうでない情報の価値は雲泥の差であり、
前者はあなたの人生を大幅に上昇させる可能性を秘めているのに対し、
後者に頼れば、これまでの人生を繰り返すか、徐々に下り坂人生になるだけである。
笑い事ではなく、極めて多くの人が後者の人生を選択しているはずだ。

より質の高い人生を送りたければ、
より質の高い情報を集める必要がある。
そのためにはお金を払うか、
あなたが質の高い情報を発信するしかない。

まず、お金を払うことで質の高い情報を購入できる。
（相手さえ間違えなければだが）

たとえば私が属していた経営コンサルティング会社の仕組みがそうだったが、クライアントの会社はどこも皆、高額のコンサルティング料金を払って、経営コンサルタントたちの高度な知恵を手に入れていた。

コンサルタントは〝その道何十年〟のベテランでも思いつかないような、画期的なアイデアで、クライアントの問題を解決してくれる。

そのアイデアで、会社が長年悩み続けてきた問題を解決したり、結果として、支払った料金の何倍もの利益を毎年増やしたりできたのだから、クライアントたちも納得してくれていたのだと思う。

次に、お金を払うのではなく、知恵を払うことで質の高い情報を購入できる。

知恵を払うとは、情報の発信、つまりアウトプットをするということである。

質の高い情報を発信するほど、質の高い情報があなたの元に返ってくるのだ。

それもただのアウトプットでなく、読んだ相手が感動するようなアウトプットだ。

感動とは、相手の期待を1％以上超えることである。

自分の期待を1％以上超え続けてくれる相手から、人は離れられなくなるものだ。

たとえば私が独立してすぐにやったのは、
無料ブログで経営コンサルタント時代の知恵を惜しみなく披露し続けたことである。
当時は一部の業界を除いて、まったくの無名だった私に、
「本当に無料で読んでもいいのですか？」
という質問が殺到したし、のちに、公開したブログの内容の大半が書籍化された。
ここで大切なのは、印税が入って左団扇《ひだりうちわ》で暮らせるようになったことではない。
著作数が50冊を超えた時期を境に、プロからの情報が集まりだしたのだ。
医師や弁護士といった専門職ばかりではなく、元オリンピック選手や、
現役のプロスポーツ選手や芸人から、感想のメールや手紙が届くようになった。
その貴重な情報はお金よりも遥かに価値が高く、私の人生を支えてくれている。

学びのPOINT

自分のランクを上げる貴重な情報はタダでは手に入らない。高額のお金や、質の高い情報を相手に提供することだ。

実るほど頭を垂れる稲穂かな。

You can do it by learning hard.

CHAPTER 2

Job

本当の「仕事」を、
あなたは知らない。

Chapter2

Section

10

思えば、新入社員研修には1億円以上の価値があった。

大企業に入社した新入社員であれば、入社後に数週間から数か月、新入社員研修を受けることになる。

中小企業には「そんなことやっている暇はない」という事情もあるかもしれないが、ＯＪＴと称して現任訓練を受けるはずだから、それを想定してもらいたい。

私が新卒で入社した会社は損害保険会社だったが、小綺麗な研修施設に寝泊まりして、三食付きの缶詰め状態で徹底的に教育された。その年の総合職社員28人と寝食を共にし、仕事の基本を学んだ日々は、仕事を本当の意味で「知る」ことができた原体験として、私の記憶に刻まれている。

まず、研修内容にショックを受けた。

現在の社会で公開したら大問題になるような、〝本音〟のオンパレードである。

だが、その研修を経ることにより、私は世の中の本音と建前をきちんと見分けることができるようになった。

少なくとも、本音と建前を洞察しようとする姿勢が、私の脳内に刷り込まれた。

社会の仕組みや構造・序列・格差、リーダーの帝王学、総合職と一般職の定義、正社員と販売代理店の役割分担……。

中でも、社内で一番の出世頭だったサラブレッドの話は今でも鮮明に憶えている。

「同期を大切にしろというのは嘘だ！」

「まずは自分が強くなれ！」

これらは今でも私の生き方の軸になっているし、どれだけ救われたかわからない。

もしかしたらあなたは、こうした本音を時代遅れの古い思想と感じるかもしれない。

だが私がその後、1万人を超えるビジネスパーソンと交流して得た実感として、

「世の中の本音」は当時からまったく変わっていないのである。


次に、総合職社員28人と一緒に講義を受け、寝食を共にした結果として、

「世の中のすべては才能で決まる」

という事実に気づかされた。
同じ情報を受け取って、同じ時間勉強して、同じテストを受けても、
同期の1位から28位まで、完璧な序列が浮き彫りになる。
そして、その序列は、ほぼ入れ替わらない。
どれだけ努力をしても永遠に敵わないどころか、差が拡がる一方だと気づかされる。
「自分が楽勝できる土俵だけにフォーカスして、徹底的に勝ち続けるべし」

私がこの極限状態から学んだことは、この教訓だった。

思えば、こうして本を書いている内容の大半も、あの新入社員研修で私が得た気づきの数々がベースになっている。

嘘偽りなく私にとってあの研修は、1億円以上の価値があった。

たとえ研修がない会社であっても、次の教訓さえ知っていれば大丈夫だ。

「世の中の本音を教えてくれる上司や先輩を大切にしよう」

世の中の本音を知った上で仕事をすると、一味違った深みが出せるようになり、仕事の内容も結果も遥かに向上していくはずだ。

学びのPOINT

仕事とは人間の希望と欲望で形づくられている。表層のみを知り、本音を知らなければ結果は出せない。

Chapter2

Section

11

入社3か月間で習得したことは、生涯の礎になる。

これまで私は社内外で、膨大な数の転職組をじっくりと観察してきた。
特に印象的だったのは、その人たちの「入社3か月」の過ごし方である。
良い悪いは別として、入社3か月で習得したことはその人の生涯の礎《いしずえ》になる。
何を隠そう、私自身も転職の経験者としてそこに含まれている。
私は1社目より2社目の勤続年数のほうが遥かに長かったが、
1社目で培った基礎に、2社目での学びが上積みされる状態だった。
そう考えると入社後の3か月間は、人生に大きな影響を与えることになる。

入社3か月で三流の仕事の姿勢が身についてしまった人は、生涯を通じて三流のままだ。

なぜなら緊張感が保たれやすい最初の3か月間でさえ三流に甘んじたのだから、
緊張感が弱まるそれ以降はどんどん妥協に慣れて、
下り坂の人生が確定するからだ。
これに対して入社3か月間で一流の仕事の姿勢が身についた人は、
生涯一流として輝ける可能性が高い。

なぜなら、人はいったん一流の世界に慣れると、自分の視界に二流や三流が入ることが、耐えられなくなるからである。

言葉では正確に表現しにくいが、一流以外のものが近づいてくると、大きな違和感を抱くようになるということだ。

ここで大切なことは、大企業に入れば一流の仕事が学べる訳ではなく、中小企業に入れば三流の仕事しか学べない訳でもない、という事実である。企業の規模やブランドに関係なく、あなた自身が、

「この人はとても厳しいが、仕事は間違いなく一流だ」

と感じた相手にしがみつき、学んでいくことだ。
仮に本当に厳しい人だったとしても、

たった3か月間の辛抱でいいのだから、何とかなるだろう。
もし自分の入社3か月間の仕事ぶりを振り返り、
「三流としてのんき気に過ごしてしまった」と思った人がいても心配はいらない。
今この瞬間から気持ちを入れ替えて、一流の先輩から3か月間徹底的に学べばいい。
必ずしも社内の人材に学ばなければならない訳ではない。
自分で費用を出して、外部講師に教えを乞うのもいい方法だろう。
とにかく、無心に学び続けることが大切である。
それにより、あなたは一流への階段を確実に上がり始めるのである。

学びのPOINT

三流の姿勢のまま仕事をしたつもりになってはいけない。一流の仕事の洗礼を受けて、一流の仕事人になろう。

Chapter2

Section

12

せっかく会社勤めをするのなら、師弟関係を結んだほうが断然お得。

あらゆる職業において、本物のプロフェッショナルになる方法は、漫画『北斗の拳』の北斗神拳のように「一子相伝《いっしそうでん》」しかないと私は思っている。
「誰にでも平等に接しなさい」「みんなに等しく与えなさい」
仕事にこうした綺麗事や平等主義を持ち込むことは非現実的で、誰の成長も生み出さない的外れのやり方とも言えるだろう。

現実社会は必ずしも平等とは限らないし、あちこちで依怙贔屓がはびこっている。

人類の歴史で依怙贔屓が消えてなくなった記録はないし、それが種の保存に繋がる人類の生存戦略なのかもしれない。
究極の理想としては平等を目指し、依怙贔屓を撲滅すべきだと私も思うが、自然界の摂理に則って生きたほうが幸せになれると考えている。

私は大学時代に自分が心酔した本の著者を師匠と仰いで私淑し、社会人になってからは会社の上司や先輩社員、あるいは取引先の経営者を師匠と仰いで仕事に打ち込んだ。

わざわざ自分から「弟子にしてください」などと言わなくても、心底尊敬してさえいれば、放っておいても相手にその想いは伝わるものだ。


想いが伝われば、相手もそれに応じ、いつの間にか師弟関係が出来上がる。

暗黙の師弟関係を結ぶことで、師匠は弟子を特別扱いし、依怙贔屓をし始める。

もちろんこれは弟子を甘やかすとか、美味しいものをご馳走するという意味ではない。

むしろその逆で、周囲より遥かに厳しく接するようになる。

なぜならそれが、師匠が弟子を本気で鍛え育てようと決意した証だからである。

師匠が苦労して獲得した仕事の極意を、弟子に伝授してくれるのだから、師匠の欠点だとか悪癖を指摘している場合ではない。

私の師匠もかなりの癖のある人たちで、付き合うのには苦労もしたが、苦労を遥かに凌駕する桁違いの知恵を、一子相伝で惜しみなく授けてくれた。私以外の弟子はほぼすべてが逃げ去ってしまったが、私だけは残った。これは決して私が辛い修業に耐え抜いたからではなく、並々ならぬ根性があったからでもない。

一子相伝を貫くことができた理由は、私が決して師匠を裏切らなかったからである。

北斗神拳の伝承者であるケンシロウも、最後まで師匠を裏切らず教えを守った。不思議なことに、ラオウのように卓越した才能の持ち主ほど、師匠を裏切る傾向にある。

学びのPOINT

弟子として、敬愛する師匠の知恵をありがたく頂戴する。これも第一級の「知る」である。

Chapter2
Section
13

いざという時に
あなたを救ってくれるのは、
初歩と基礎の盤石さである。

仕事と勉強の共通点は、初歩と基礎が大切であることだ。
勉強の初歩とは、教科書の内容をマスターすることで、
基礎とは、教科書ワークの問題がスラスラ解けるようになることである。
これら初歩と基礎が盤石でなければ、その先の勉強は意味を成さない。
なぜなら勉強とは積み重ねであり、
初歩と基礎が完璧にマスターできていなければ、
応用問題は永遠に解けないからである。
応用問題の解答・解説を読んでも、初歩と基礎があやふやなままでは理解できない。
初歩と基礎が盤石な場合に限り、応用問題の解答・解説を読めば何とか理解できる。

基礎問題の解答・解説を何度も読み込み、
自由自在に解答できる状態になって初めて、
ようやく応用問題が自力で解けるようになるのだ。

勉強の例だと誰でもすぐにわかると思うが、これが仕事となった途端、
多くの人がフィーリングだとか、クリエイティビティという言葉に逃げ始める。

初歩と基礎が疎《おろそ》かな人の発するフィーリングやクリエイティビティなどの言葉は、素人の浅はかな知ったかぶり以外の何物でもない。

仕事における初歩と基礎とは、業種業界によって違いはあるだろうが、プロとして当然知っているべき「型」のようなものである。

いつまでも型にとらわれていてはいけないが、型を習得していない人はプロからは相手にされない。

たとえば経営コンサルタントの仕事なら、企業の財務諸表がスラスラと読めたり、自分の専門とする業界の粗利率を即答できたりするのが初歩だ。

そしてその業界の売上や利益率をアップさせる典型的な戦略と戦術を、1分以内に10個ほど列挙できるのが基礎ということになる。

以上に紹介したような初歩と基礎が骨の髄まで染み込んでいない部下を、上司は恥ずかしくて顧問先に同行させることなどできない。

ちなみにそれら初歩と基礎がいくら完璧だったとしても、

顧問先のMBAホルダーからは「そのくらいは当たり前」と一笑に付されるだろう。
しかし初歩と基礎が盤石であれば、経験を重ねるうちに、
相手に屈することなく、何とかやりあえる知的体力を獲得していけるだろう。
探偵小説を思い出してもらいたいが、大抵の場合、

難問を解決する突破口は、主人公が初歩と基礎に立ち返る場面で出現する。

長い間未解決だった難事件が、
誰も気に留めなかった子どもの素朴な証言に気づいた途端、
一気に解決されてしまうように。

学びのPOINT

何かに行き詰まったら、初歩と基礎に戻ってみよう。困難を突破できる知恵を授かるはずだ。

Chapter2
Section
14

結果は、スタート前に決まっている。

仕事のやり方を知っているだけで、
「仕事を知っている」と宣言してしまってはあまりに恥ずかしい。
結果の出し方を知ってこそ、堂々と「仕事を知っている」と言えるのである。
本当に仕事ができる人は、一度だけの成功で終わらない。
成功を継続できることが、仕事ができる人、真の成功者の証だと言えるだろう。
誰でも偶然、成功することはある。
だが偶然の成功は一度きりで終わってしまう。
では成功を継続させられる人は、そうでない人と比べて何が違うのだろうか。
両者の違いは、いつ頑張るかである。

成功を継続させられる人はスタート前に頑張る。
準備に全身全霊を込めて、
本番はリラックスして流すのだ。

準備こそが真の本番であり、本番は次の準備である。
だから、淡々と結果を出し続けられる。

それに対して成功が続かない人は、本番がスタートしてから頑張る。
準備不足だから、本番での頑張りでその埋め合わせをしようとするのだ。
準備は所詮《しょせん》準備だと適当に流し、本番になると焦って一発逆転を狙う。
だから、実力以上の力を発揮しようとして本番は緊張してしまい失敗する。
こうして仕事の結果はスタート前に、すでに決まっているのである。

頑張るべきはひたすら準備期間であって、本番ではない。
本番は頑張るものではなく、楽しむものである——。
私がこれを学んだのは、大学時代に打ち込んだ、
パワーリフティングというスポーツ競技を通してであった。
「ベンチプレス」「スクワット」「デッドリフト」
この三つで筋力を競い合う競技だが、
練習不足の選手がいくら本番で気合いを入れようと、絶対に逆転できなかった。
勝者は、常日頃のトレーニングで頑張っていた選手にほぼ固定されていた。
試合当日は、普段の努力量がそのまま記録順位に反映されるのを確認するだけだ。
呆れるほど退屈な競技と思うかもしれないが、仕事も基本的にこれと同じである。

私はサラリーマン時代から現在に至るまで、
翌年の仕事は前年の内にすべて終わらせてきた。

サラリーマン時代、
私は「よーいドン！」の合図と同時に、
すでにゴールのテープを切っていたのである。

何のことはない。
大学時代のパワーリフティングと仕事を同列で考えていただけだ。
これは私が優秀だから実現できた芸当ではない。
私のような不器用な人間には、
前倒し作戦をしないことには生き残る道がなかっただけである。

学びのPOINT

仕事で結果を出す方法を身につけよう。
そうなって初めてあなたは「仕事を知っている」ことになる。

Chapter2
Section
15

教えたがり屋ではなく、実際に結果を出し続けている人から学ぶ。

大学時代に読み漁った本の中に、異口同音に語られていたことがある。

「教えたがり屋に近づくな！」「教えたがり屋にはなるな！」

こんなふうに、教えたがり屋を忌避させる教訓ばかりだった。

表現は少しずつ違っていたが、その理由は見事に一致していた。


「人は実力が衰えるにつれて口が達者になり、自分より未熟な者に教えることで劣等感を解消するようになる」


つまり教えたがり屋とは、三流の仕事のやり方を未熟者に教え込むことで、自分の精神のバランスを何とか平静に保っている人々なのだ。

もしあなたがこんな人たちに目をつけられたら大変である。

間違った仕事のやり方を全身の細胞に刷り込まれた挙げ句、膨大な時間を奪われることだろう。


こうして本を読んでいる現在、頭で理解できてはいても数年後はわからない。

教えたがり屋に餌食《えじき》にされたあなたが、今度は教えたがり屋として、
次なる新しい餌食を探し求めているかもしれないのである。
あなたが教えたがり屋に捕まったり、教えたがり屋になったりしないためには、
どうすればいいのだろうか。
それは、あなたの近くに教えたがり屋が寄ってきたら、
お手洗いに行くふりをしてサッと離れることだ。

そして教えたがり屋から逃げた後で、ぜひやってもらいたいことがある。実際に結果を出し続けている人から学ぶことだ。

だが、実際に結果を出し続けている人は概して多忙である。
仮に表面上は多忙に見えなかったとしても、考えることに時間を費やしている。
だから、他人に自分のノウハウを教授するというような手間のかかる行為に、
わざわざ時間とエネルギーを費やしたいと考える人は少ない。
だからこそ、あなたはそうした人から無理にでも学ぶ価値があるのだ。

もし許されるなら弟子入りしたり、仮に弟子入りできなくても、仕事先に同行させてもらい、その仕事ぶりを見学させてもらえたなら、あなたが有形無形の仕事の真髄を会得できることは間違いない。

その代わりあなたは相手が喜ぶことを常に考えて、いただいた知恵について何らかのお返しをして、相手を喜ばせる必要がある。相手を喜ばせることができれば、再び相手もあなたを喜ばせてくれるからだ。

一つ、お返しのヒントを出そう。

結果を出し続けている人は、組織のルールに寄り添うふりをしながらも、その人独自のノウハウで淡々と結果を出している。

あなたはその人が密かに採用しているノウハウを観察・発見して、それがうまく回るようにアシストすればいい。

学びのPOINT

結果を出し続けている人から仕事を学ぼう。あなたの実力が飛躍的に上昇することは間違いない。

Chapter2

Section

16

「おっ、予習してきたな」
と相手に思わせる質問をすると、
応援されやすい。

あなたが師匠と仰ぐ相手に質問をする際には、必ず予習しておくことだ。

ググる、つまりネットで検索して情報を得ておくのである。


あらかじめ、ググってから質問すると、「お、こいつ予習してきたな」と思われる。それだけで、あなたは応援されやすくなるのだ。


これは当たり前と言えば当たり前だろう。

たとえば私にインタビューをしたいと、誰かが書斎に来たとしよう。

「千田さんは、お仕事は何をされているのでしょうか？」

このような質問をされたら、私は返答を続ける気力が消失してしまう。

「たくさん本を出されているそうですが、一体何冊出されているのですか？」

続いてこんなふうに聞かれたなら、もう二度と会わない。

曲がりなりにもプロを自称するのであれば、私の著書の最新刊を持参して、

「本書が163冊目ですよね。ちょっと質問してもいいですか？」

と言って付箋《ふせん》だらけの本を出してもらいたい。

そうすれば私もとっておきの情報を披露しようと受け答えに熱が入るし、相手を応援したいと心から思えるだろう。

あなたが私の立場になったとしても、ほぼ同じ気持ちになるのではないだろうか。

超一流のインタビュアーになると、まさにレベルが違う。

相手が過去に出した本をすべてキャリーバッグに詰め込んで持参し、著者の前で、ボロボロになるまで読み込んだ本を取り出すことから仕事が始まるのだ。

さすがにここまでされると、多少失礼な質問や際どいことを聞かれた時でも、「仕方ない」と思って答えてしまうかもしれない。


たとえそれがパフォーマンスだとわかっていても、プロとして負けたと思うからだ。


以上のことから、あなたはあなたの仕事でプロとしての戦略を練ればいい。

ここでは私が経営コンサルタント時代、効果絶大だった必殺技を披露しよう。

質問は自分で正解が

99・9%わかっているもの以外しないことだ。

質問をする前には、その問題について、
相手よりも詳しいのではないかと思える状態になるまで調べ尽くす。
そこまで徹底的に調べ尽くしておくと、
「何も知らない愚《おろ》か者」を演じて相手を油断させることができるのだ。
私は社内外でこれをやり通して、常に極秘情報を収集し続けることに成功した。
もっとも極秘情報とは言っても、
実際に自分以外のそうしたルートで収集した情報は、
私が獲得した全情報量の0・1%に過ぎないのだが。
今でも経歴の割に愚鈍な印象の人を見ると、自分の経験をもとに、
「愚か者のふりをしているだけなのでは？」とつい疑ってしまう悪い癖がある。

学びのPOINT

大事な人と会う時は、その人について十分すぎるほどに予習する。精一杯知識を詰め込んで愚か者のふりをすれば、優位に立てる。

Chapter2
Section
17

自分流にこだわるのは、結果を出してから。

「個性」で勝負する時代だと言われる。
だが、自分流の知識で行動することを「個性」と呼ぶことはできないし、
多くの場合、そうした主張をする自分流の人間は確かな結果を出せていない。
結果を出していない人間が組織で文句を言われるのは当たり前だ。
仕事の目的は結果を出すことにあり、
結果を出さない人間は仕事をしたと解釈されないからである。
ちょっと厳しく思うかもしれないが、そのくらいの覚悟で仕事に臨まないと、
仕事の本質は永遠に理解できないと思う。

仕事で結果を出すのは
会社に貢献するためではなく、
あなたが仕事を
心から楽しいと感じるためである。

仕事は結果を出せないとつまらないが、結果を出せると最高に面白いものだ。

私は何としてもあなたに結果を出して、仕事の楽しさを味わってもらいたい。
そのためにこうして本を書いている。
ではどうすれば結果を出せるのか。
まず、会社の方針に従って愚直にやってみることである。

どんなにくだらないと思えることでも、とりあえず方針通りに全部やってみることだ。

一通りすべてを真剣にやってみた上で、
一点の曇りもなくくだらないと思えたら二度とやらなくてもいい。
上司に対しては、あなたが会社の方針に従ってやり切ったのに、
それでも結果を出せないことをそれとなく知らせておこう。
次に、社内でトップの成績を挙げている人の仕事のやり方を真似してみる。
間違えてはいけないが、勝手に自分流にアレンジするのではなく、
最初は〝徹底的に〟真似をするのだ。
その人と朝の出社時刻も同じにして、帰りの退社時刻も一致させよう。

可能な限り同じ店でランチを食べ、同じブランドの同じ色のスーツを着る。
愛読書や好きなアーティストがわかれば、それらをすべて味わい尽くすことだ。
そうして相手の思考回路を完璧にインストールして、
相手がやりそうなことを先取りできるようになれば、いよいよ卒業だ。
その時点では、まだ際立った成果は出ないかもしれないが、
上司に要らぬ文句を言われない程度の成果は出せるようになっているだろう。
さらにあなたが成績を伸ばしたければ、
別の優秀な社員の思考回路を同じ要領でインストールしていけばいい。

様々な優秀な思考回路を取り込んでみて、そこからつくり出される思考や行動こそが、あなたの個性なのである。

学びのPOINT

最初から自分流の知識で行動しても結果は伴わない。結果を出している人の思考と行動を徹底的に真似てみよう。

Chapter2

Section 18

本質を知っている人は、時間があり余っている。

組織では役職が上がるにつれて時間があり余っている状態になる。

これは批判することではなく、称賛されるべきことである。


役職が上がるにつれて忙しくなる組織はかなり危険である。なぜなら組織のマネジメントができておらず、幹部社員や管理職が知恵を絞る時間が不足しているからである。


国内外の戦争映画で軍隊上層部が優雅にどっしりと構えて見えるのは、それくらいの余裕がないと戦争では勝てないからである。

軍隊の幹部が現場に居座り、最前線の兵士と必死に戦う軍隊は先が見えている。十分に戦略を練ることができず、すぐに負けてしまうことだろう。

幹部というのは常に、ゆとりのある時間と空間で戦略を練ることが仕事なのだ。

もちろん成功したら莫大《ばくだい》な報酬と名誉を得られるが、失敗したら晒《さら》し者にされるだけでなく、命を奪われるリスクもある仕事だ。

実を言うと、組織の幹部だけではなく、
仕事が抜群にできる組織外の人間もまた時間があり余っている。
自由業で成功している人々を見ていると、
どう考えても会社勤めの人より余裕あるように見えるし、実際にその通りである。
なぜそんな現象が生じるのだろうか。

時間の余裕とは、その人が仕事の本質を押さえているか否かで大きな違いが生まれるものである。

仕事の本質とは、仕事全体の20%にも当たらない部分に存在するものだ。
あらゆる仕事には「ここは絶対に外せない」「ここを押さえれば他は流してもいい」
という〝本質の部分〟がある。
それ以外の80%はいい加減にやってもいいとまでは言わないが、
プロとしての最低限のラインで仕事を回してもいい。
これは脳外科医もプロスポーツ選手も作家も、また先ほどの組織の幹部も同じだ。

そうしなければ20%の〝本質の部分〟に力を込めて、ビシッと確実に結果を出すことが難しくなるからである。

だからフリーランサーで成功している人の中には、本質以外の80%に関しては完全にアウトソースする、と割り切るプロもいる。

私もその一人である。

「私にしかできない」「私が何としてもやりたい」仕事だけをすることで、かれこれ10年以上、まるで隠居生活のような人生を送っている。

そしてあり余った時間で次々と新しいアイデアが生まれ、次々にビジネスを形にし、結果を出し続けている。

学びのPOINT

大きな仕事を動かしている人は本質を知っている。本質の部分に注力して、結果を出し続けることができる。

サッと終わらせて、
たっぷり考えよう。

You can do it by learning hard.

CHAPTER 3

Study

本当の「勉強」を、
あなたは知らない。

Chapter3
Section
19

勉強は頑張って継続するものではなく、やめられないものだ。

「どうしても勉強が継続できません」

「何とかして勉強を継続する方法を教えてください」

先日某大手新聞社のインタビューを受けた際、こんな質問に答えた。

結論から言うと、勉強は継続するものではなくて、やめられないものだ。

やめたくてもやめられないのが、勉強である。

これは決して、逆説的な表現でもなければ、奇をてらった発想でもない。

実際に勉強をしてみればわかるが、
勉強はやればやるほどハマる。
勉強が継続できないのは、
勉強の楽しさがわかるまでやらないからである。

ゲームと同じで最初はよくわからないが、わかってくると徐々に楽しめる。

楽しさがわかるためには、ある程度の時間が必要だ。

しばらくして楽しめるようになると、寝食を忘れて没頭してしまう。

勉強もまさに、ゲームと同じだ。
すでに実現しつつあるが、近い将来、
ゲームと勉強の境界線が消える日が到来するだろう。
私が小学生の頃にはすでに『信長の野望』というゲームソフトが登場し、
正真正銘の立派な「歴史ゲーム」として仕上がっていたし、
3Dや4Dを活かしたスポーツゲームをやれば、
運動不足も解消されてダイエットも自然に達成できるようにすでになっている。
数学や物理、化学の分野、さらには倫理や哲学の分野においても、
今後、卓越したエンタテインメントとしてのゲームが出来上がることだろう。
2020年代半ばになれば、親たちのこんなセリフが頻繁《ひんぱん》に聞かれるかもしれない。

「微分積分ゲームばかりやっていないで、さっさと寝なさい！」

「うちの子、小学生なのに量子力学ゲームにハマっちゃって親と遊んでくれないの」

要は、勉強とはそのくらいにハマるものだという話である。

もしあなたが勉強を継続できないなら、次の二点を疑ってもらいたい。

①その勉強は、本当にあなたがやりたいことなのか

②今取り組もうとしている教材は、本当にあなたの学力に合っているのか

以上二点をクリアしていれば、必ず勉強にハマることができる。

そうすれば意識しなくても、やめろと言われても、勝手に継続してしまうだろう。

学びのPOINT

勉強の面白さを知らずして、深い学びは手に入らない。
やめろと言われてもやりたくなる仕組みづくりを考えよう。

Chapter3
Section
20

学校の授業が理解できないなら、動画や講義型参考書で楽しく学べばいい。

私の直観だが、従来の学校教育でいわゆる〝落ちこぼれ〟とされていた層から、今後、驚くべき才能の子どもたちが次々に出現するのではないかと思う。

私自身も苦しんだ経験があるのでよくわかるが、教室内でじっと座らされたまま先生の話を聞く〝一対多〟の講義形式の授業は、万人にフィットする勉強法ではない。

こうした受け身のやり方では勉強する気が失せ、頭に入らない人間は意外に多い。

極論すれば、学校には定期テストなどの筆記試験を受けに行くだけで、あとは自宅で勉強し放題にさせてもらえればいい。

それにより、今より勉強ができるようになる生徒は確実に増えるはずだ。

もちろんこれもまた、全員に当てはまる方法ではないことは承知の上だ。

従来通り、教室で教師から教わる講義形式が合う人もいるだろうし、単に勉強する気がないため、学校に来なくなる不良学生が増えてもいけない。

それぞれ対策は必要になるが、今後、教育の選択肢を増やすことにより、たくさんの優秀な頭脳が生まれ、世界が発展していくことは間違いないだろう。

世界で通用するエリートが現在の何倍も増える可能性があるのに、その芽を摘んでしまう現在の教育制度が、私はもったいなくて仕方がない。

学校の授業にどうしても馴染めないのなら、さっさと見切りをつけて退学し、動画や講義型参考書で楽しく学ぶ道がもっと増えていい。

幸いなことに、そうした環境はかなり整ってきた。


動画や講義型参考書で勉強の楽しさがわかれば、自分は決して頭が悪いのではなく、単に学校教育が合わなかっただけだとわかる。


こうした人々は20世紀までは「適合できない人」として扱われてきたが、これからはエリートとして主流派の仲間入りを果たすのだ。

私は動画の有料授業をいくつか受講したこともあるし、講義型の参考書は現在でもたびたび購入して勉強している。

いずれも驚くほどわかりやすいし、極めて洗練されている。

このままでは東大合格者の最低点が年々上昇し続けて、入試問題が急激に難解化することも予想される。

大学受験の世界だけではなく、ありとあらゆる分野の知識レベルが上昇し、日本人の教養の高さが底上げされると私は確信している。

かつて野上弥生子がローマへ旅立つ息子に宛てた書簡の中で、耕地や工場で働く労働者が高い知識や文化について語り合える世界になってこそ、立派な進歩した社会になったと言えるのだと述べていた。

80年以上の時を経て、いよいよ野上弥生子の理想が本格的に現実化しつつある。

学びのPOINT

知識を習得する方法は「他人と同じ」でなくていい。自分に合ったやり方で才能を伸ばしていくのが一番だ。

Chapter3
Section
21

学校を卒業してから
輝き続けるのは、
勉強を継続した人。

あなたの周囲に学校を卒業してからどんどん輝き続ける人と、
反対に、徐々に萎んでいく人がいないだろうか。
私の周囲にはそういう例がたくさんで、それこそ具体例の宝庫だと言える。
物心ついてから周囲の大人たちを観察していてもそうだったし、
社会人になってからは1万人以上のビジネスパーソンや、
3000人以上のエグゼクティブとの対話を通じ、一次情報として確認できた。
私は学生時代に人生のピークを迎え、
徐々に萎んでいく人生を歩んでしまうことだけは嫌だったから、
両者の違いをつぶさに観察し、本人たちの気持ちも頻繁に確認してきた。
その結果明らかになったのは、

知性を輝かせ続けるために必要なのは、「勉強を継続すること」という極めてシンプルな事実だった。

勉強といっても、受験勉強や大学の講義に限定されるものではない。

もちろんそれらも立派な勉強には違いないが、
それが勉強のすべてだと思っていたら、人生はもったいない。

私が学生時代、「この勉強の仕方はいい」と気づいたのは、「自分が一生かけても辿《たど》り着けない」と感じる著者の本をすべて読破することだった。

読破するだけではなくて、できる限り様々な評論家たちの書評にも目を通した。
たとえば森鷗外や夏目漱石の全集を読むだけではなく、
鷗外と漱石についての書評を読むことでより深く味わえるようになるのだ。
あるいはニーチェの全集を読むだけではなく、
ニーチェの解説書を読むことによって何倍も理解が深まるのだ。
肯定的な書評も否定的な書評も等しく目を通し、その上で自分の人生に活かす。
これが私にとっての勉強だった。不思議なことに、

天才の思考を最初にインストールしておくと、そこから影響を受けた人々の考え方も理解しやすくなる。

なぜなら、天才は別の天才から影響を受けているからだ。
ハイデガーはフッサールの影響を受け、ニーチェはワーグナーの影響を受けている。
またカントはヒュームの影響を受け、ヒュームはデカルトの影響を受けている。
さらにアリストテレスはプラトンの、プラトンはソクラテスの影響を受けている。
中には思想の違いから決別した例もあるが、
それもまた天才たちの使命なのだと解釈できる。
私の事例が絶対的な勉強法ではないが、
継続しやすい勉強法の一例として、参考までに記しておく。

学びのPOINT

将来、輝き続けるために必要なことは、楽しい時も、辛い時も勉強を継続させること。

Chapter3

Section

22

挫折しないコツは、小学生用の学習参考書から無心に学び直すこと。

私は読書デビューが大学入学後だったから、
勉強や読書で挫折する人たちの気持ちがよくわかる。

漫画以外の本を
本当に1冊も読了したことがなかった私は、
受験で国語という教科に苦しめられた。

それも並の苦しみ方ではない。
評論文に至っては1行目からまるで理解できなかったのだ。
受験科目に国語が加えられるだけで、
総合の偏差値が軽く10ポイント以上下がってしまうほどだった。
これは何かの障害ではないかと疑ったこともあるし、親に向かって、
「幼い頃、僕はどこかに頭をぶつけたことはなかったの？」
と問い詰めたこともあるほどだ。
大学では本格的に教育学の研究を志して、
そこで教育心理学とか学習障害、言語発達遅滞といったキーワードに、

自然に惹かれていったのも無理はないと考えている。
学部選びの決定打となってはいないが、
とにかく国語への劣等感が、私の学部選びに影響を与えたことは事実だ。

大学では三年生から専門課程に進んだが、
当初志向していた教育心理学科系とは別の専攻に進むことになった。
ろくに本を読まない頃の私は、自分は脳に障害があるなどと勝手に思い込んでいたが、
ある機会に偶然、原因がそこにないことに気づかされたからだ。
アルバイトで勉強が苦手な中学生の家庭教師をしていたところ、
私の国語嫌いは小学校の勉強がわかっていないことに理由があると気づいたのだ。
その生徒は数学が苦手だったが、そもそも小学校の算数が理解できていなかった。

「できないところまでさかのぼって学習すれば、ちゃんとわかるようになる！」

この生徒に算数を教えながら、実は私のほうが大切なことを教わったのだ。

その後私はすぐに書店に行って、小学生用の学習参考書コーナーの前に立った。売り場にある国語の参考書と問題集すべてに目を通した結果、有名進学塾の講師による、中学受験用の、やさしい講義型参考書を購入することに決めた。語り口調で書かれていて、漫画を読むようにするっと理解できたからだ。

その本は驚くほどわかりやすく、すっかり小学生向け国語の楽しさの虜《とりこ》になった私は、当時仙台の金港堂書店にあった中学受験用の参考書と問題集を全部やり切った。この調子で初歩と基礎を徹底的に積み上げ、高校受験用、大学受験用と勉強を進めた。大学二年の冬に新聞に掲載されていたセンター試験の現代文を解いたところ、時間を大幅に余らせて満点を獲得することができたし、翌年も、さらにその翌年も同じ結果だった。

学びのPOINT

勉強につまずいたら、小学生用の学習参考書から学び直せばいい。どんな勉強も挫折せずに楽しく継続できる。

Chapter3
Section
23

苦労して憶えたのに得点に結びつかないのは、理解を伴っていないから。

せっかく苦労して全部憶えたにもかかわらず、いざ筆記試験になると、その努力がまったく得点に反映されない人がいる。努力が報われないと人はやがて努力しなくなるし、自分には才能がないからと諦める傾向にある。

私はこれまで実際に家庭教師、企業研修の講師を経験し、また塾や予備校の経営陣や講師たちとも一緒に仕事をしてきたが、それらの経験から浮き彫りになった事実がある。

せっかく苦労して憶えたのに得点に結びつかない人たちの共通点は、理解が伴っていないということである。

理解が伴わないという事態が、なぜ起こるのか。それは参考書や問題集の模範解答だけを、

本当にそのまま丸暗記しているためだ。

極論すれば、「ア」とか③といった答えだけを、何の脈絡もなく憶えているのだ。

さすがにそこまで酷い例は少ないにしても、

たとえば英語の問題集で do away（　）という熟語を問われた際に、

（　）に入る with だけを憶えて終わってしまうのだ。

（　）以外の do も away も一切無視して、

この問題は（　）＝ with とだけ憶えるということだ。

その問題集のその問題でないと、一切解けない勉強のやり方をしている。

この勉強のやり方だと、do（　）with と出題されたら解けないだろうし、

do away with を含んだ英文を訳すことも永遠にできない。

以上は決して笑い事ではない。

努力の報われにくい努力家たちは、大なり小なりの差はあれど、

本質的にこれとほぼ同じ勉強のやり方を、延々と繰り返しているのだ。

数学ができない人も物理ができない人も同じである。

その問題集の、その問題だけが解けるように勉強している以上、永遠に学力は伸びない。英語も数学も物理も、例題を隅々まで理解したら、必ず類題を自力で解いてみることだ。

数字や記号、さらには別の視点から問われても大丈夫なように、一問一問、その問題を解ける自分の境遇に感謝しながら、とことんしゃぶり尽くすのだ。
10冊を通読するよりも、1冊の良書を10回反復したほうが学力は確実に伸びる。1問ずつ大切に味わい尽くすという意味では、感謝の心が勝負を決めるのだ。

学びのPOINT

問題の数をこなせば、できるようになる訳ではない。厳選した1問を大切に解き続けることで理解できるようになる。

Chapter3
Section
24

選択式問題集と記述式問題集を交互に繰り返すと、記憶が深く定着する。

選択式問題集は、マークシート式試験対策用の問題集をイメージしてもらいたい。

記述式問題集は、国立大学の2次試験対策用の問題集をイメージしてもらいたい。

どちらがよいという話ではなく、どちらも非常に優れた学習効果を発揮する。

まず、選択式問題集の優れた点は、選択肢が非常に厳選されており、正解以外の選択肢こそが勉強になることだ。


少し考えればわかると思うが、選択肢に列挙されているということは、それが非常に重要な事項だという証拠である。


重要事項だからこそ、そこに多少の間違いを加えて受験生を惑わせられるのだ。

今年は「不正解」とされた選択肢が、翌年に修正されて「正解」の選択肢となる例は枚挙に暇《いとま》がない。

特に受験の文系科目や、それに準ずる資格試験であれば、勉強のスタート時は選択式問題集が最高の武器になるだろう。

教科書や入門書を読み終えたら、すぐに基本的な選択式問題集に取り組むといい。

最初は全然解けなくてもいいから、正解以外の選択肢にはすべて加筆修正して正解に作り変えたり、不正解とされた用語の解説も、赤シートを被せたら見えなくなるように、赤ペンで書き込んだりして、選択式問題集を自分専用の〝参考書化〟して読み込んで憶えるのだ。

一度やってみればわかるが、効果は抜群である。

選択式問題集をいかにやり尽くすかが、最短で基礎力を習得する鍵になるだろう。

それを終えてから記述式問題集に挑戦すると、学力はさらに飛躍的に向上する。

ご存知のように記述式問題と選択式問題の決定的な違いは、前者はヒントが少なく、ゼロから自分で作文しなければならないのに対し、後者はヒントが満載で、知識が多少あやふやでも正解に辿り着ける点だ。

だが、すでに述べたように、あなたが選択式問題集を独自に〝参考書化〟して反復学習しておけば、基礎的な知識が増えて、記述式問題集に取り組む際に恐れる必要はなくなる。もちろん最初からバリバリ解ける訳ではないが、解けなかった問題であっても、少なくともその解答・解説を読めば理解できる頭になっているはずだ。

記述式問題集は解答・解説を丹念に読み込み、ひたすら反復することだ。

多少時間がかかっても、自力で解答を書き上げられるくらいまでやり尽くそう。その後に選択式問題集に戻ってみると、理解が深まって新たな発見もあるはずだ。こうして選択式問題集と記述式問題集を交互に反復させることで、あなたの学力は盤石になるのである。

POINT

選択式で基礎を固めて、記述式で実力をつける。問題集を活用したいならこの方法がオススメ！

Chapter3
Section
25

数学も物理も化学も生物も医学も、最後は哲学に繋がる。

ある時、数学博士と物理学博士に執筆中の論文を見せてもらったことがある。

大学時代、私は運が良いことに、
所属した運動部にいた様々な学部の学生と、長期間にわたり語り合うことができた。
ＯＢも積極的に指導してくれる運動部だったから、
現役を退いて大学院に通っていた修士や博士も、複数が来てくれた。
よく語り合ったメンバーの学部を思い出してみると、
法学部・経済学部・文学部・理学部・工学部・農学部・医学部と実に幅広い。
文学部の同級生は文化人類学を専攻し、フィールドワークに東奔西走していたし、
理学部には数学・物理・生物を専攻していたメンバーがいて、
数学と物理の研究者は、それぞれが博士だった。
特に数学博士は後輩を論破する能力に長けており、
毎日決まった時間に起床・就寝し、決まった時間に図書館に籠り、
決まった時間に部活に参加しており、まるで哲学者のカントのようだった。
彼はアニメ『未来少年コナン』を欠かさず見て、自分の人生の中心に据えていた。

驚いたことに理系にもかかわらず、論文には数式がほとんど記載されていなかった。

いずれの論文も英文で書かれていたが、
文系の論文だと言われても私には気づかないくらいだった。

「数学も物理も、つまりは哲学だ」

二人は私にこう教えてくれた。
医学は生物に、生物は化学に、化学は物理に、物理は数学に、数学は哲学に繋がる。
結局すべての学問は、最終的に哲学に繋がるということだ。
ちなみに数学も物理も化学も生物も医学も、すべては科学哲学の一部である。
先ほど文学部の同級生が文化人類学を専攻していたと述べたが、
当時世界的に有名だった人類学者のレヴィ＝ストロースはもともと哲学教師で、
あのサルトルを徹底的に論破したことで知られている。
私が専攻した教育学という分野においても、

『エミール』という教育界の歴史的名著を書いたルソーは哲学者とされている。
そう考えるとあらゆる学問は哲学であり、哲学でないものは学問ではない。
では、哲学とは一体何だろうか。
それは哲学の創始者とも言えるソクラテスに学べばいい。
哲学とは「本当のことを知りたい」という人間の素朴な想いに根差している。

「本当のことを知りたい」と感じる気持ちは、我々人類にインプットされた本能である。

この本能に素直に従って生きたほうが、人はきっと幸せになれるはずだ。

学びのPOINT

あらゆる学問は最終的に哲学に繋がる。哲学は「本当のことを知りたい」という人類の本能である。

Chapter3
Section
26

人から学ぶのは大切だが、人以外からも学んでいないと一流の人から学べない。

「本は読まない。人と自分の経験から学べばいい」

威勢のいい20代の成功者を中心に、こうしたコメントをする人が増えてきた。

確かにこれからの時代は、本を読まなくてもいいのかもしれない。

これは本が終わりだという意味ではなく、

読書以外にも学べる手段が増えたからである。

たとえば検索能力さえあれば、インターネットから本に劣らぬ情報を獲得できる。

あるいは知識人のTwitterやブログを読んでみると、

平凡な書籍など比較にならないような知恵が詰まっていることもある。

そしてまた、本ではなく人間関係や経験からも学ぶことはできる訳だが、

すぐに会える程度の人や自分の限られた経験からしか学ばなければ、

20代の成功は、その後の時代まで長くは続かない。

なぜなら人は、基本的に知的レベルが自分と同じで、

経験の内容もほぼ同じという〝似た者同士〟で集まる傾向があるためである。

成功を継続させたければ、常に成長しなければならない。

成長しなければ成功は継続しないし、継続しない成功は、成功とは呼べない。

つまり似た者同士の仲良しサークルから飛び出さなければ、成長もできないし成功も継続しないのだ。

勘違いしてはならないが、人間関係や経験から学ぶことは必須である。

ただ、それだけで自分をレベルアップさせることはとてもできないため、結局、退屈な人生で幕を閉じてしまうのだ。


人生をレベルアップさせたければ、あらゆる言い訳を乗り越えて、孤独になる時間を生み出すことだ。


そして、お手軽に会えるレベル以上の人物に会い、自分の経験以外からもしっかり学ぶことだ。

本はそれを可能にするツールの一つだし、インターネットやその周辺、人によってはセミナーに参加したり、家庭教師を雇ったりする選択もあるだろう。

あなたが本気で人生を変えようと思ったら、自分が現在いる場所で安穏としていては絶対に会えないし経験もできない、“格上の対象”に学ぶことだ。

高額のお金や、多くの時間を費やすことになるかもしれないが、それらを頑張って捻出するだけの価値は十分にある。

読書で古今東西の天才たちの思想を学べることは、私にとって奇跡だった。

今でも本に対するその考えは変わらないが、現在は本以外のツールや機会からも、本と同等かそれ以上の知恵を享受している。

自分の周囲以外から学ばないと、人生のレベルは永遠に変わらないのだ。

学びのPOINT

成功をし続けたければ格上の存在に学ぶことだ。十分なお金と時間を使い、人生のレベルを上げていこう。

Chapter3

Section

27

死ぬまで勉強しても、勉強は終わらない。

岐阜県各務原市出身で、生まれて初めての受験が公立高校入試だった私は、15歳まで本気で次のように思っていた。

「本気で勉強すれば、どんなに難しいテストも絶対に満点が取れるようになる」

「1年間本気で勉強すれば、どんな教科も究められる」

今考えれば恥ずかしい限りだが、当時の私は純粋にそう信じていたのだ。

そして私が、「勉強に終わりはない」と気づいたのは、遅ればせながら高校入学後だった。

学年トップの成績優秀者であってもすべてのテストで満点は獲得できないし、岐阜県以外にも優秀な高校は数え切れないほどある。

大学別模試に掲載される「成績優秀者一覧」を見ても、全国1位の学生でさえ満点は取っていない。

当時はうまく言語化できなかったが、絶望と希望が混じったような気持ちだった。

さらに大学入学後は、模範解答のない未知の世界を切り拓くのが学問だと知り、自分だけ周回遅れで一人密かに感動したことを鮮明に憶えている。

すでに述べたように私は国語が苦手だったから、熱意はあっても学力がなかった。

「勉強に終わりはない」という事実に気づいて大きく感動したものの、本を読めなかった私は、ただ感動しただけで終わってしまったのだ。

だが大学入学後には本を読めるだけの力がついて、読書に明け暮れた。

読みたくても読めなかった猛烈な悔しさが、ここで大噴火したのだ。

高校時代に「死ぬまで勉強しても、勉強に終わりはない」と気づかされ、その後、読書を通じてその事実を確認できている自分が本当に幸せだった。


「知の獲得」という、終わりのない作業に取り組むことにより、この宇宙や大自然の大河の一滴として自分が生かされているという実感に繋がった。

勉強に終わりがないという事実を受容すると、

本当に勉強は面白いと気づかされる。

死ぬまで勉強しても、あの世に逝《い》っても、勉強には終わりがないからこそ、今日一日をちゃんと生きよう、勉強しようと思える。

受験勉強や資格試験の勉強は、1年からせいぜい数年計画で進められるが、真の勉強は千年計画や万年計画、億年計画で世代を重ねて進められるものだ。きっとピカソやアインシュタインは、そう考えて表現、研究をしたはずだし、死に際には「fin」ではなく、「to be continued」という言葉が脳裏を過《よぎ》ったはずだ。あなたも目の前の、何かの期限付きの勉強をクリアした後で、ぜひ、終わりのない真の勉強に参加してもらいたい。

学びのPOINT

真の勉強は期限付きの義務的なものではない。果てしなく没頭する価値のある究極の作業である。

お子様の勉強は、1年計画。
大人の勉強は、1億年計画。

You can do it by learning hard.

CHAPTER 4

Personal relations

本当の「対人関係」を、
あなたは知らない。

Chapter4

Section

28

本当に凄い人は、ややボーッとしたように見える人

社会に出ると、すぐにわかることがある。
それは本当に凄い人というのは、
ややボーッとしたように見えるということだ。
この場合、〝やや〟の塩梅《あんばい》が大切になってくるのだが、
きちっとし過ぎていない、という表現が一番しっくりくるかもしれない。
決して不潔ないでたちではないものの、
服装や体裁を整えることに使うエネルギーよりも
選ばれし者として授かった才能を発揮するために使うエネルギーが、
遥かに上回っているためだ。
これは、私がこれまでに出逢ってきた社内外のビジネスパーソンにも一致する。

必要を超えてきちっとしている人はせいぜい二流、
多くの場合は三流だった。

きちっとした部分を評価してもらえないと拗《す》ねてしまう一方、
肝心な実力はお粗末なものだった。

たとえば、ネクタイを首元まできちっと締めている人は、
その組織で一番仕事ができる人ではない。
「一番仕事ができる人」に憧れている、仕事のできない人が多いのだ。
これは別に、ネクタイを首元まできちっと締めてはいけないという意味ではない。

ネクタイを首元まできちっと締めて「私は偉いでしょ？」という暑苦しい雰囲気を漂わせると、相手から見限られてしまうという話である。


こういう暑苦しい人は、自分同様に首元までネクタイを締めていない人を見ると、「あいつはダメだ！」と気分を害してしまうことが多い。

場合によっては取引先であろうと、目上の相手であろうと説教をしてしまう。

テストに書かれた字は丁寧でうまいが、肝心な点数がイマイチな人に似ている。

自分よりも字が雑で汚いけれど、点数が自分よりも良い人のことを、「字が汚いくせに」とプライドが邪魔をして許すことができない人たちだ。

現在のビジネスシーンではネクタイをする人が随分と減ったが、
私の見たところ、仕事のできる人はネクタイをしていない人が圧倒的に多い。
ついでにこれは昔からそうだったが、
ドレッシーなスーツや、ブランドのロゴマークが剝《む》き出しの小物を所有する人に、
仕事ができる人はいなかった。
以上から私があなたにお伝えしたいのは、

「過剰にきちっとした相手は要注意」ということである。

最近はルックスや見せかけの美しさに騙《だま》される人が増えてきたから、
ここは声を大にして言っておきたい。
過剰に美しかったり神々しかったりする人間は、
何か後ろめたいことをしている。

学びのPOINT

必要以上にきちっとするのはエネルギーの無駄でしかない。
自分の才能を発揮することに意識を集中させよう。

Chapter4

Section

29

ブランドのロゴマークをアピールするのは、劣等感の裏返し。

私がこれまでに経営コンサルタントとして、
1万人以上のビジネスパーソンと対話をしてきた経験の中で、
「この人は劣等感が強くて面倒臭いな」と感じた人には次の共通点があった。
それは、ブランドのロゴマークをアピールしたがるということだ。
「外部から経営コンサルタント（私）がやって来るからなめられないようにしよう」
という気持ちの表れであり、相手が怯《おび》えている証拠だった。

しばらく面談を繰り返していたところ、
ブランドをアピールする人たちが
臆病者だということが、
ほぼ100%の確率で判明した。

社内でも仕事ができない割にプライドが滅法《めっぽう》高く、注意をするとすぐ拗ねてしまう。
周囲から厄介者《やっかいもの》扱いされており、中には経営陣や管理職から、
「あいつをクビにしたい」と依頼されることも多々あった。

ここから何が言えるだろうか。

ブランド好きな人は、少なくとも仕事の場では、ロゴマークをアピールすべきではない

ということである。

個人的にブランド品が好きなのは一向に構わない。

だが、それを仕事でアピールすると、周囲を不快にさせるだけでなく、あなたの自信のなさが必要以上に伝わり、結局、評価が下がってしまうのだ。

周囲では誰も、そんなことをストレートに言葉で注意してくれない。

せいぜい不快な表情であなたをチラッと見るくらいである。

「あ、これは他人事じゃなくて自分事だ」

こうして本を読んで勉強している人なら、ハッと気づくだろう。

そんな場合には、すぐに改めてもらえば問題はない。

そしてもし、あなたの周囲でそういう人がいた場合には、なるべく近づかないようにするべきだし、本当に大切な相手なら、さりげなく本書をプレゼントしてみてもいい。

これ以外にも、社会的地位に見合わない高級ブランドの腕時計をした人や、女性で高過ぎるハイヒールを履く人も同様である。

それらはあくまでもプライベートで楽しむものであって、仕事の場で周囲を威嚇するものではない。

とにかくあなたのほうからは、そういう人たちと積極的に関わらないようにしよう。

もし人との出逢いであなたの人生が負のスパイラルに突入するとすれば、その種の人々と付き合ったせいである。

見せかけでお手軽に評価されようとするその発想は、まさに詐欺師と同じなのだ。

学びのPOINT

知性を基にした人間関係を構築したければ、ブランドのロゴをアピールするのはやめておこう。

Chapter4
Section
30

これからは、一度も直接会ったことのない親友が世界中で増える。

私はいわゆる団塊ジュニアであり、私の親は団塊の世代だ。

そのためか私は団塊の世代との付き合いが多く、師匠のうちの何人かもそうである。

子どもの頃から一緒に過ごしてきたため、私は団塊の世代の気持ちが理解できる。

彼らが何を好み、何を嫌うのか、手に取るようにわかるのだ。

団塊の世代にとって大切なのは「生の体験」である。

生の体験以外は体験ではない、と言わんばかりである。

たとえば一度も会わずに、インターネット上だけで友だちの関係になったり、交際から結婚に発展したりする事実を受容できない人が多い。

団塊の世代は現在70代以上であり、一部の例外を除けば、インターネットを楽しむよりも、テレビ鑑賞を楽しむ人たちが圧倒的に多い。

テレビ鑑賞はあくまでも娯楽で、できれば家族団らんで楽しみたいという考えだ。

だから現在の30代以下の世代にとって、インターネットが娯楽の中心どころか、人生の中心であるという事実が、団塊の世代にはどうしても理解できない。

そして、そうした団塊の世代こそが社会の富を握っていることもまた事実であり、私にとってそれは興味深い現象である。

ひょっとしたら、あなたも間接的に団塊の世代の影響を受けているかもしれない。

「生の体験以外は、やっぱり意味がないのか」と悩んでいる人がそれに当たる。
私は決して生の体験を否定している訳ではない。
もちろん生の体験は素晴らしいし、今後も完全になくなることはないだろう。
実際、世の中がデジタル化するにつれて、人はアナログが恋しくなるものだ。
なぜなら人はもともと非現実のデジタル世界ではなく、
生々しい現実のアナログ世界に棲息する生き物だからである。
だが、たとえばゴルフも実際のコースに出ずに部屋のモニターでプレーするなど、

今後アナログ体験は年に何度かの贅沢になり、あらゆる分野で非現実のデジタル体験が主流になるに違いない。

現に私もビジネスの打ち合わせは面談をせず、すべてメールで済ませている。
ここだけの話、インタビュー取材も直接書斎に来てもらうのではなく、
質問をメールで送ってもらって即興で私が回答を執筆する、
といった仕事のやり方が一番クオリティの高い記事に仕上がるのだ。

これまでに何度も生のインタビュー取材を受けたが、構成が下手で愕然とした。
ところが私が最初から執筆すれば、
誤字脱字のチェックだけで完璧な原稿が仕上がる訳である。

私のインタビューに限らず、これから生の面談は限りなくゼロに近づくはずだ。

あなたがこれを悲観する必要はないだろう。
一度も直接会ったことのない親友が世界中に増えるなんて、
斬新で素敵なことじゃないか。

学びのPOINT

これからの対人関係はデジタル世界で発展していく。好奇心を持っている者だけが未来の成功を手に入れる。

Chapter4
Section
31

「もう少し話したいのに……」と相手に思わせたところで、お暇する。

もしあなたが「自分の価値を上げたい」「必要とされる人物になりたい」と思うなら、私からとっておきの知恵を伝授しよう。

「もう少し話したいのに…」と相手に思わせたところで、その場をお暇《いとま》する習慣にすることだ。


一度だけでは効果は小さいが、これを習慣にすることで人生は大きく変わっていく。

たとえば相手との約束の時間が17時までだったら、最低でも16時55分にはお暇することだ。

すでに用が済んでいれば、30分以上前に帰っても構わない。

そういう習慣を続けることで、必ずあなたの価値が上がるだろう。

なぜなら相手が「もう少し居てくれてもいいのに…」と名残惜しさを感じるからだ。


相手の心に「名残惜しさ」を生じさせることが、あなたの価値を上げるコツなのだ。

これは何も訪問時だけの話ではない。
電話やメールのやり取りも同じである。
長電話は嫌われるが、30秒以内で終わる電話は好かれる。
30秒電話は「もっと話したいのに…」と相手に名残惜しさを感じさせるからである。
同様に長文メールは嫌われるが、3行メールは好かれる。
3行メールは、「えー!? これで終わり?」と、
相手に名残惜しさを感じさせるからだ。

もちろん以上は名残惜しさの原理原則であって、現実では臨機応変に対応すべきだ。
たとえばあなたが経営コンサルタントで、
顧問先に17時まで滞在という契約を結んでいながら、
話が終わったからといって30分以上前に帰ってしまえば、
契約を打ち切られるかもしれない。
これは、あなたの拘束時間に対してフィーを払っているからだ。
お礼やお詫びの電話を30秒以内で済ます訳にはいかない場合も多いだろうし、
問い合わせのメールに対して3行では不親切なこともあるだろう。

ただしそうした場合でも、できるだけ贅肉は削ぎ落としたほうがいい。

基本として、人生においては「過剰は不足よりも罪が重い」と憶えておけば間違いないだろう。

不足から生じるトラブルも確かにあるが、
過剰から生じるトラブルに比べれば遥かにましなものである。
もし迷ったら、言わないほうがいいし、やらないほうがいいのである。

学びのPOINT

おもてなしの基本は、長時間の応対ではない。相手の心に「名残惜しさ」の一片を残すことである。

Chapter4

Section

32

出逢いのステージを上げたければ、10年計画で教養を高めること。

教養は10年単位で高まると考えるといい。
厳密に言えば、勉強さえしていれば日々教養は高まっていくのだが、
誰の目から見ても明らかにステージが上がり、
あなたの周囲の人脈に変化が生じるには10年くらいかかる。

私は10年間という期間を、
何かのプロになるために捧げなければならない、
最短の期間だと考えている。

たとえば地方でそこそこ優秀な中学生が、将来医師になることを考えてみよう。
医師になるためには医師国家試験に通らなくてはならず、
そのためには大学の医学部医学科に入学しなければならない。
当然だが入学するには、医学部医学科に合格しなければならない。
そのためには遅くとも高校受験に向けて中三には猛勉強モードに切り替え、
高校3年間と、さらには大学6年間で勉強の嵐を経験する。
つまり中三の1年間＋高校3年間＋大学6年間で、

最低でも10年間は勉強に没頭する必要があるという訳だ。
もちろん人によっては、有名中高一貫校に入学するため、
そこからさらにさかのぼる数年間を、中学受験の勉強に使う人も多い。
あなたは医師になるつもりはないかもしれないが、
人生のステージを上げるためには、10年間を捧げる必要があるということの、
おおよその仕組みはご理解いただけたかと思う。

あるいはもしあなたが何かの分野で博士号を取得したければ、
最短でも大学4年間＋修士課程2年間＋博士課程3年間の計9年間は、
人生を勉強に捧げなければならない。
大人の勉強好きに人気のある歴史や英語に置き換えてもこれは同じで、
10年の歳月をかければ、いっぱしの教養人になることができる。
仮に知識ゼロから日本史の勉強をスタートしたとして、
公立高校受験レベルまで1年間＋難関高校受験レベルまで1年間
＋中堅大学受験レベルまで2年間＋一流大学受験レベルまで2年間
＋大学院日本史学科受験レベルまで4年間を勉強に費やせば、

合計で10年間ということになる。
以上は、社会人でも無理なく勉強を進められるペースを想定したつもりだ。

たとえ独学であろうと、10年間真剣に勉強した実力があれば、プロの扉の前には立てるだろうし、教養人の仲間入りもできる。

間違いなく10年前と比べたら、出逢いのステージが変わるだろう。
換言すれば、誰でも一つの分野で10年間没頭していれば、人生を変えるのは可能ということだ。

学びのPOINT

一人前の知識を得るには地道な修練が必要だ。10年間真剣に勉強すれば、プロの扉の前に立てる。

Chapter4

Section

33

敬意をベースとした関係とは、
教養レベルが一致した
関係のことである。

長期的な人間関係を結ぶためには、敬意をベースに付き合いを続けないと難しい。
これは友人関係の場合も、恋愛関係の場合も当てはまる。
お互いに尊敬がなければ関係は続かないのだ。
どちらか一方が軽蔑《けいべつ》した途端に、その関係は急速に終焉《しゅうえん》に向かうだろう。
なぜならもう一方の人間も必ず、自分が軽蔑されていることを悟るからである。
人は軽蔑している相手を愛することは絶対にできないし、
自分のことを軽蔑している相手のことを愛することも絶対にできない。

では、敬意をベースとした関係とは、
一体どんな関係だろうか。
それは教養レベルが一致した関係である。

教養は同じ分野でもいいし、別の分野でもいい。

それぞれの分野での教養の偏差値が一致していれば、
互いに敬意を感じ合うことができるのである。

医師の世界で教養の偏差値が60の人なら、
プロのヴァイオリニストで教養の偏差値が60の相手としか敬意を感じ合えない。
音楽家の中には演奏は得意でも、それ以外については無教養の人もいるが、
そういう人は音楽史や美術史を語れるようにしておく必要がある。
作家の世界で教養の偏差値が50の人なら、
プロのスポーツ選手で教養の偏差値が50の相手としか敬意を感じ合えない。
スポーツ選手には本当にスポーツに没頭していて、
それ以外については無教養の人もいるが、
そういう人はスポーツ史やスポーツ人類学を語れるようにしておく必要がある。
厳しいがそれが現実である。

もしあなたの人生のステージを上げたければ、
あなたが今勝負している土俵で実力と教養のレベルを上げるしかない。

私は大学時代に「50年計画」を立てた。自分が70代になった時に、各分野で世界レベルの実績を出した同世代のプロたちと同じステージに立ち、優雅に語り合いたいと思ったのだ。

20代や30代では、プロスポーツ選手として活躍している連中には絶対敵わない。だが40代以降になれば彼らは引退し、私は世に出始める（と、当時は思った）。70代になれば、さすがに20代のように走り回ることはできないから、各分野のプロとも頭脳の勝負になるだろう。
私の50年計画が実現するかどうかは、どうかあなたに静観していてもらいたい。

POINT

高いレベルの人間と敬意を持って語り合うため、今から教養を磨いておこう。

Chapter4
Section
34

第一志望の相手かどうかは、手を握り合うとわかる。

「この人は運命の人だろうか…」と迷ったら、
一発で判断できる方法がある。
それは手を握り合うことだ。

手を握り合えば、相手があなたにとって必要か否かは直感的に判別できるものだ。

この瞬間ばかりは、言葉がいかに無力なのかを思い知らされる。
ご存じのように野生のライオンやシマウマは、
理性に基づいて生きているのではなく、本能に従って生きているため、
格差を助長したり相手を貶《おとし》めたりすることもない。
野生の動物たちは本能に従っていれば、食物連鎖の中で調和して存続できるのだ。
人類は他の生物と比較して本能の力が極めて弱いため、
言葉によって人間関係にルールを設定して生きているが、
お互いの遺伝子が必要とし合っているか否かは、
言語ではなく、触覚で感知できるのだ。

あなたの側が相手を必要としても、相手があなたを必要としない場合がある。
冗談ではなく、恋愛ではこのパターンのほうが桁違いに多い。
それはあなた自身や周囲を冷静に振り返ってみれば、すぐに理解できるはずだ。
つまり手を握り合って相手があなたを必要としていない場合は、その恋は終了だ。
あなたがいくら相手を愛しても、相手はあなたを愛せないのだから仕方がない。
他の誰のせいでもなく、これは自然界の摂理なのである。
反対にあなたから見て、

第一印象がどれだけ素晴らしい相手でも、実際に手を握ってみて違和感を覚えたならば、それは運命の人ではないということだ。

いずれ必ず生理的に受け付けなくなるから、交際は継続しないほうが賢明である。
特に女性は男性に比べてこの触覚の能力が高い傾向にあると私は思う。

相手の男性の手を握って、「どこか尊敬できない」と感じたら、その直感はほぼ正しいと考えて間違いない。

このセンサーが錆び付かないように、日々、親密な人や好きな物に触れておくことも大切である。

私自身の過去を振り返ってみても、手を握り合って幸せを感じた相手とは関係が長続きした記憶がある。

まあ、生理的に受け付けない相手や嫌いな相手とは、触れ合いたくもないが。

学びのPOINT

相手の真意がわからなくなったら、手を握ってみよう。頭脳ではなく、直感で将来を判断することができる。

Chapter4
Section
35

頑張っても嫌いになれない人とだけ付き合う。

「できることなら、大好きな人とだけ付き合っていたい！」

こう考える人は多いだろう。

実際にこれまで私が出逢ってきた長期的な成功者たちは、揃いも揃って、嫌いな人を周囲から排除していた。

それらを目の当たりにした私は、こう確信した。


真の成功とはお金があるだけではなく、人間関係でノンストレス状態の環境を構築できることなのである。


成功者たちは、自動車の修理や点検を直接やり取りすることもなく、電車やバスではなくハイヤーを利用するか、専属の運転手を雇っている。

自分が偉くて特別な人間だと威張っているのではない。

彼らは人間関係で、極力ストレスを感じたくないのだ。

初対面の相手の9割以上が失礼だったり、また退屈だったりすることを、彼らは百戦錬磨の経験により熟知している。

そんな本音はおくびにも出さないが、
長期的な成功者たちから見たら、出逢いの大半はハズレである。
私は彼ら成功者の中でも、特に贔屓してくれた数人の懐に飛び込んで、
人間関係についてより詳しく話を聞いてみた。
そこで明らかになったのは、次のことだった。

成功者たちは皆、大好きな人よりも、嫌いになれない人と優先的に関係を保っている。

大好きな人というのは、何かの拍子に致命的な欠点を見てしまった途端、
一瞬で大嫌いになってしまうことがある。
だが、嫌いになれない人とは、
数多くの欠点があるのにそれでも嫌いになれない相手なのである。
そう考えると、大好きな人よりも嫌いになれない人のほうが、
自分にとって重要な人であることがわかるだろう。
もちろん私は、それを聞いて人間関係を次のように変えていった。

私の欠点をさらけ出しても嫌いにならない相手と、相手の欠点を私が知っても嫌いになれない相手とだけ付き合うのだ。

驚くべきことに一瞬で、この世が天国になった。
お金のコストよりも、嫌な人間関係から生じるコストのほうが高かったためである。
メンタルコストのかかる相手とは、今すぐ絶縁しなければ生き地獄になってしまう。
メンタルコストのかかる相手とすべて絶縁すると、道は拓けるのだ。

学びのPOINT

大好きな人ほど、一瞬で大嫌いな人に変貌する可能性がある。
大切に付き合いたいのは、欠点があるのに嫌いになれない人。

あなたの生き様が、
出逢いを決める。

You can do it by learning hard.

CHAPTER 5

Books

本当の「読書」を、
あなたは知らない。

Chapter5

Section

36

分厚くて賢そうに見える本は、装飾品と割り切る。

ここ最近は、物事の本質をつかむ前に、まず見栄えから入る風潮が高まりつつある。
きっと今後しばらく続くだろうし、さらに強まっていく可能性もある。
私自身は、見栄えから入ることを決して否定しない。
どれほど否定しようと、時代の流れには逆らえないからである。
だったら時代の流れに乗り、上手に幸せに生きたほうが賢明というものだ。
たとえばこれは、本の見栄えについてもそのまま当てはまる。

書斎の本棚に並べられている本を見て、その人の知的レベルを判断する人はとても多い。

本棚に漫画本ばかりが並んでいると、
「この人は頭の悪い人」と決めつけられたりする。
逆に、本棚に難解なハードカバーの哲学書が並んでいると、
「この人は頭が良い人」と勘違いする人もいる。
それらの難解な本を実は読んだことがなかったり、
手に取ったことがなかったりしても、その人は勝手に勘違いするのである。

このように他人は何事も、あなたを見栄えで判断するものだ。

私の書斎には来客応対の際に見栄えがするように、
自分の本だけを並べた本棚があるが、
訪問者に対するブランディング効果は抜群のものがある。
実はこれには理由がある。
私が最も売れた本を出した翌年、私の師匠の一人が書斎にやって来て、

「千田君、もっとちゃんとした本棚を買って自分の本だけを並べなさい」

とアドバイスしてくれたのだ。
師匠の言葉通り、即日近所の家具店で本棚を購入し、自分の本だけを並べてみた。
いざ本を並べてみると、500冊近くは収納可能であろうその本棚は、
空きスペースでスカスカの状態になった。
ところがそれを機に、まるでその空きスペースを埋めるかの如く、

私の新刊や翻訳本が次々に刊行されだしたのだ。
師匠のアドバイスを守って大きく立派な本棚を購入し、
自分の本だけを並べた途端、私の運気が上昇し始めたのである。

以上が、「見栄え」から入るのはとても大事だということの証拠である。
これからの時代は人に限らず、ありとあらゆるものにおいて、
「見栄え」は重視されていくことだろう。
本書は本音で語っているため、つい手前味噌になるが、
本棚にどれほどたくさん偉人の本を並べるより、
自著を数冊並べるほうが、遥かに成功に近づきやすいと思う。
とはいえ、誰もが自著を持てる訳でもないし、あえて作家を目指す必要もない。

分厚くて賢そうに見える本を、「装飾品」と割り切って、あなたの本棚に陳列しておくことが有効だ。

それらの装飾品はあなたの書斎にやって来た人たちから高い評価を獲得するし、

毎日背表紙のタイトルを見ているだけで、なぜか知的水準も上がってくるのである。

きっとそれらの装飾品は、あなたの「運命の本」になる。

将来、かなりの確率であなたの人生を有利に運んでくれることだろう。

学びのPOINT

分厚くて賢そうに見える本を、本棚に並べてみよう。それらは確実に、あなたの人生を向上させてくれる。

Chapter5
Section
37

難解な分野を攻略したければ、漫画本やネット動画から攻める。

前項のように、読みもしない、分厚くて知的に見える装飾本を陳列すると、あなたは教養人として過大評価されるようになる。

正直、過大評価される人生を私は好まないし、あなたも生きづらくなるだろう。いずれメッキが剝がれ、「ナンチャッテ教養人」だと周囲に見抜かれてしまう。

だったら、「本当の教養人」になってしまえばいいのである。

まずは誰もが変身可能な「ちょっとした教養人」を目指してみよう。

ここで私は、裏技をあなたに伝授したい。

少々ずるい気もするが、長期的には、あなたの教養が確実に向上する方法だ。

たとえばあなたが「装飾品」として、本棚にニーチェ全集を並べていたとしよう。

あなたはニーチェがどこの国の人なのかはもちろん、彼の職業さえも知らない。

そんな状態で、書斎を訪れた人にニーチェの話題をふられたら即アウトである。

もしその人が成功者で、あなたを引っ張り上げようとしてくれているとしても、ニセ教養人とわかった瞬間、チャンスは流れてしまう。

そして、チャンスはもう二度とやって来ないだろう。

これを避けるための方法は一つである。

漫画、入門書、児童書…何でもいいから、あなたが取っ付きやすい本を選び、とにかく最低限の知識を仕入れておくことだ。

ニーチェについての解説書は、様々なレベル・形式のものが出版されているから、どんなに予備知識がなくても必ず理解することができる。

本から学びたくなければ、インターネットに解説動画も複数アップされているから、それらを存分に活用すればいい。

本格的な翻訳書など読まず、基礎的な情報を仕入れておくだけで十分である。

「超人」「末人」「ルサンチマン」、そして「大いなる正午」について、あなたの言葉で説明できるようにしておこう。

これであなたも「ちょっとした教養人」の仲間入りである。

少なくとも、

「こいつ、ニーチェを知らないのに本だけ並べてあるな」

とバカにされることだけはない。

99%以上の人は、あなたがきちんとニーチェを読んでいると敬意を払うだろう。

そしてあなたが、そうした周囲の敬意に心を動かされて、「ちょっとした教養人」から「本当の教養人」に変わりたいと思い始めたら、本棚に揃った難解本を「装飾品」から「愛読書」へと進化させることだ。

すでにあなたには最低限の知識が備わっているのだから、あとはその本に正面から向き合って、内容を深く掘り下げて理解すればいい。

学びのPOINT

成功への第一歩として「ちょっとした教養人」を目指そう。漫画やネット動画で周辺情報を集めることから始めればいい。

Chapter5
Section
38

量をこなして全体像が見えてきたら、その分野の名著に挑む。

世間一般で名著と呼ばれているものが、あなたにとっての名著とは限らない。
世間で人気のベストセラーが、
あなたにとっての良書とは限らないことと同じである。
読者の立場から正直に言えば、最大瞬間風速の強いベストセラーよりも、
長期間にわたって微風が続くロングセラーこそ名著であることがほとんどである。
たとえば受験勉強の経験者なら首肯する人が多いと思うが、
10代の頃に使っていた教科書や参考書が、
社会人になって初めて名著だとわかることがある。

小学校や中学校時代に配布された、あの味気なかった教科書そのものが、実は最高の参考書だった！

と気づかされて感無量となることもある。
あるいは高校時代には軽く見られ選択を外しがちだった倫理政経が、
実は一番人生に役立つのではないかとわかって悔やまれることもある。

東京大学の入試問題の現代文や英語長文に、
どれだけ含蓄があるのかを理解するのは受験生ではほぼ不可能であり、
社会人になってからでないと味わえないと私は思う。
1983年の京都大学の国語入試問題に、
「福沢諭吉の『学問のすゝめ』から精神の独立についてのメッセージを受け止めよ」
という趣旨のものがあったが、
私は今も納得する解答ができないままでいる。
同じく1989年の同大学の国語入試問題にあった、
「山口剛の『南京新唱 序』から友情についての逆説的表現を味わう」
は、少なくとも私が10代の頃には不可能であった。

そう考えると、名著の真髄を即時に理解しようと頑張る必要はまったくない。
いきなり名著に挑んで、自分の無力さに打ちのめされる経験も大切だろう。
だがそこで挫折するよりも、

まず今の自分に理解できるものに挑んだほうがいい。

応用問題が解けなければ、標準問題を徹底的に固める。標準問題が解けなければ、基礎問題を徹底的に固める。基礎問題が解けなければ、初歩問題を徹底的に固める。こうして初歩から一歩一歩確実に積み上げれば、いずれ「基礎→標準→応用」と成長していくことができる。

名著を征服するためには、今の知識レベルで可能な学習を完遂し、押さえておくべき基礎知識を徹底的に頭に叩き込むことが必要だ。

前項でも紹介したように、ニーチェについて知らない際に、お手軽な解説書を読むことと同様の手順を踏んでみてほしい。

今取り組んでいる本を何度も繰り返して読み込みながら、徐々にレベルをアップさせていけばいい。

こうして「量」をこなし続けているうちに、必ず「全体像」が見えてくる。

必ず、見えてくるのである。

全体像が見えてきたところで、初めて名著に触れてみればいい。

その分野の名著が「名著だ」と本当に理解できれば、あなたはその分野のプロである。

学びのPOINT

いきなり名著にチャレンジしても挫折の可能性が高い。まずは初歩から知識を積み上げ、全体像をつかんでおこう。

Chapter5

Section

39

名著の理解を深めたければ、書評を読んで視野を広げる。

どれだけ人生を充実させられるかは、どれだけの名著に出逢ったかに比例する。
だから私は名著が好きだ。
生きているうちに一冊でも多くの名著に出逢い、
そして味わいたいと思っている。
しかし名著は概して内容が深く、さらに難解であることも多く、挫折しやすい。
前項で紹介したように、いくら入門書をたくさん読んでみても、
名著に挑むと、1ページ目からコテンパンに打ちのめされることもよくある。
そんな場合には書評を読むといい。
その道の専門家の書評から、専門家ではない別の分野のプロの書評まで、
書店でおすすめしてもらったり、ネットで検索しながら幅広く読むといいだろう。
芸術の世界ではこんな名言がある。

「もし親指を描きたければ、
親指を描こうとしてはいけない。
親指を描きたければ、
親指の周りの空間を描くことだ」

これを言い換えれば、対象物よりもその周囲に目を向けることで、
対象物の輪郭が浮かび上がるということだろう。
名著もこれと同じではないだろうか。

いきなり名著に挑んで挫折して「やっぱり自分は頭が悪い」と落ち込むのではなく、名著について語っている周囲の人々の、卓越した見解に触れればいいのだ。

ゲーテの『若きウェルテルの悩み』を読んで挫折したら、
その書評や解説書を何冊か読んで再び挑み、
それでも挫折したら、さらに解説書を読んで何度でも挑めばいい。
ドストエフスキーの『罪と罰』を読んで挫折したら、
その書評や解説書を何冊か読んで再び挑み、
それでも挫折したら、さらに解説書を読んで何度でも挑めばいい。

シェイクスピアの『ハムレット』を読んで挫折したら、
その書評や解説書を何冊か読んで再び挑み、
それでも挫折したら、さらに解説書を読んで何度でも挑めばいい。
スタインベックの『怒りの葡萄』を読んで挫折したら、
その書評や解説書を何冊か読んで再び挑み、
それでも挫折したら、さらに解説書を読んで何度でも挑めばいい。
まるでゾンビのように〝倒れては起き上がり〟を続けて、
あなたが何度でも挑み続けていれば、いつの間にか理解は深まるだろう。
最後に、生真面目に読書に取り組むあなたには、
フランスの哲学者デリダの「読み手（聞き手）中心主義」という言葉を贈ろう。
解釈は自分流でOK！という〝ゆるい読書法〟である。

学びのPOINT

名著に挫折しかけた時は、書評を読んでみよう。その本の輪郭が浮かび上がり理解がしやすくなる。

Chapter5
Section
40

読書の仕上げは、人と語り合うこと。

自分の理解や記憶を深めたければ、人に教えることが一番である。

人は自分で学んだことを人に教えると、より深く理解できるし、より深く記憶に残る。

なぜなら相手が知らないことを理解させようとすると、必ず質問攻めにされるからだ。
質問攻めにされると、あなたは相手が理解できるように説明しなければならない。
そしてどうしても理解させられない自分に気づいた時、ハッとわかるのだ。
「本当は自分も理解できていなかった」と。
何を、どこまで理解できているのかを知るためには、自分だけでは限界がある。
だから人に説明することによって、それを発見するのが一番手っ取り早い。
教える相手がいないなら、一人二役で、先生と生徒の役割を演じればいい。
教える側、教えられる側という両方の立場になって視点を変えてみると、
何が、どこまでわからないかも明確になってくるだろう。
私の学生時代、地理が抜群にできる同級生がいたが、
彼は家の自室に籠り、一人二役でツアーコンダクターと観光客をこなし、

ありとあらゆる質問に即答できるようにして試験に臨み、いつも満点だった。

このように、誰かに説明して理解させるということは、自分の頭の整理にもってこいだということがわかる。

読書の仕上げもこれと同じだ。

自分が本を読んだら、できるだけその素晴らしさを語り合える場があるといい。

こう書くとすぐに「私には友人がいません」と嘆く人がいるが、

そもそも読書に友人などは必要ない。

人と直接語り合うのが好きならそうすればいいが、別の方法で意見交換をするほうが、時間もかからず精神的な負荷もかかりにくい。


今の時代はインターネット上の読書サイトで自分の意見を発信できるし、SNSの読書コミュニティーでも高い効果が期待できる。

実名を出さず、ペンネームで書評ブログを綴るのもいいし、

Twitterで読後の感想を発信するのもいいだろう。
あなたが本気で何かを発信すれば、必ず世界のどこかで誰かがそれを受け止める。
受け止めてくれた人たちの中には、返信してくれる人もいるだろう。
もちろんすべてがポジティブな意見ばかりではないが、やってみる価値はある。
この世で一番辛いのは、存在しないこと、
つまり、あなたの存在を認知されないことだ。
仮にネガティブな反応が返ってきたとしても、
それはあなたが生きている証であり、
あなたがこの世に存在するということなのだ。
念のため付け加えると、あなたが「褒める書評」に徹すると、
読み手からポジティブな反応が返ってきやすいだろう。

学びのPOINT

読書の後でその素晴らしさを表現すると内容が身につきやすい。人に話したり、ブログを書いたり、SNSで意見を交換してみよう。

Chapter5

Section

41

専門書は著者の経歴重視、それ以外は読みやすさ重視。

読書には熟読と通読がある。
熟読とはきちんと丁寧に理解したい時の読み方であり、
その対象は一般にハードカバーの専門書であることが多い。
一方で、通読とはざっくり概要をつかんだり、
リラックスして楽しんだりする時の読み方であり、
その対象はソフトカバーの単行本や新書に多い。
どちらがどうという問題ではなく、どちらにも役割がある。

私が熟読すべきだと判断する専門書の分野では、著者の経歴を最大限に重視する。

少なくともその分野において修士号、できれば博士号を取得しており、
専門の分野では、それなりの論文を書いているかどうかも入念にチェックする。
ただ「○○博士」「○○学者」と名乗っているだけの著者は信用せず、
必ず学校名や研究機関の名前が具体的に記載されていることが重要だ。
私が経営コンサルタント時代、隣のチームがやっていたプロジェクトには、

博士号をお金で買ったと豪語する企業経営者がいて驚いたものだ。

確かに彼は自著のプロフィールの冒頭に「○○博士」と自慢気に明記していたが、実際の学歴は中学校卒業だと本人も認めていた。

専門書において、私は大学のランクや研究機関の格式はそれほど重視しないが、嘘つきが書いた本だけは読みたくない。

わずか数日間、数週間のサマースクールに通っただけで学歴欄に記載していたり、軽く交換留学しただけで「卒業」と記載する経歴詐称が実に多く存在するのである。

（もちろん修士号や博士号を持たなくても、その道で誰もが認める実績さえあれば学歴は関係ない）

専門書以外は、読みやすさが一番大切ではないだろうか。


科学的根拠や最新の統計データに基づいているに越したことはないが、それが本のわかりやすさを妨げているのなら、それらは邪魔以外の何物でもない。

専門書ではないのだから、読者としてはリラックスして楽しみたいのだ。

私には何人かの贔屓の著者がいるが、“アタリ本”は主に新人か多作の作家に多い気がする。

新人は張り切って自分のすべてを出し切るから、本気の情熱がこちらに伝わってくる。
多作の作家はやはりプロだから、記述する内容も文章も安定していてハズレがない。
専門書は著者の経歴重視、
それ以外は読みやすさを重視して選べば間違いないだろう。

学びのPOINT

専門書を選ぶ時は、著者の経歴と信頼性を重視する。
専門書以外を選ぶ時は、本を読む楽しさを重視する。

Chapter5
Section
42

文字数より、あなたの中に残った知恵の数。

「文字数の多い本はすぐれている」「文字数が少ない本は損」
と考える人は今でも多い。
だが私がこれまでに出逢った人たちを思い出してみると、
意外にも文字数の多い本をありがたがっていた人たちは教養がなかった。
文字数に関心などはなく、ただ淡々と本を読み進める人たちのほうが、
格段に教養が高かった。
これは少し考えてみればすぐにわかる。

そもそも読書に頭のデキなど、さほど関係ない。
大切なのは、読書の要領ではないだろうか。

つまり最初からいきなり文字数が多くて難解な本に挑み、
何度挫折してもその難解な本に挑み続ける人は、
小学校の算数が理解できていないのに、
微分積分の難問とずっと睨めっこしているようなものである。
率直に申し上げて、これは時間の無駄である。

それくらいなら最初は小学校の算数を楽しく学び、
それが終わったら中学校の数学、最後に高校の数学と進めれば、
微分積分の難問にも挑めるようになる。
ここで大切なことは、読んでいる本の文字数よりも、
あなたの中にどれだけの知恵が残ったかが大切ということである。

**永遠に理解できもしない
シェイクスピアの原書を読むよりも、
お子様用の絵本でシェイクスピアを楽しむほうが
遥かに上のレベルの読書なのである。**

前者はシェイクスピアについて何も語れないし語る資格もないが、
後者は何かを語れるし語る資格もある。
前者は自分の中に何の知恵も残しておらず、
後者は自分の中に多くの知恵を残しているからである。

私が読書デビューしたのは1990年代だったが、当時から本の文字数は一切無視して読書を楽しんでいる。

それどころか、同額で同じテーマの本があった場合などは、迷わず文字数の少ない本を優先したものだ。

これは学習参考書や問題集にも当てはまる。

もし同額で、同じテーマの学習参考書や問題集があれば、最初は文字数や問題数の少ないほうを優先したほうがいい。

それだけ問題や解説文が厳選されている証拠であり、短時間で一読できるからだ。

短時間で読み終われば、それだけあなたの記憶にも残りやすいし、何より寿命を無駄遣いせずに済むのである。

学びのPOINT

読書の価値は本の文字数では測れない。あなたに身についた知恵の数が何よりも重要だ。

Chapter5

Section

43

通読本は、あなたが理解しやすいものを多読・速読で一夜限りの付き合い。

通読に関しては先の項でも述べたが、
とにかく本はわかりやすくて読みやすいことが命だ。
わかりにくくて読みにくい本は、そもそも通読本には適さない。
通読本に近いのは雑誌だろう。

"一夜限り"の付き合いで読み切り、読み捨てる本こそが通読本なのである。

こう書くとどこか冷たいような気もするが、そんなことはない。
読み捨てる雑誌でありながら、ずっと心に残るメッセージに出逢うこともあるし、
偶然手にした美容室の雑誌にあった一節が、
あなたの人生を変えることさえあるのだ。
私にはこれまでに、そうした経験が数え切れないほどある。
日本には昔から俳諧連歌や生け花や茶道などがあったが、
これらはすべて刹那の命を味わうものだった。
俳諧連歌では前句に対し後句を複数の吟者が付け合いし続け、

刹那を楽しんだあとに残された句の懐紙は滓《かす》のようなものだった。

生け花は刹那の美しさを放ったかと思うと散ってしまうが、散るからこそ美しいのである。

茶道は一服の茶を媒介として、一期一会の出逢い、つまり刹那を味わうものだ。

そう考えると、通読本を一夜限りの付き合いとするのも悪くないと思えるだろう。


何度でも読めると思うと、読む者に甘えが生じる。だが本との出逢いも一期一会だと考えれば、そこには緊張感が生まれる。


その緊張感は、あなたの頭脳だけではなく、全身の細胞を活性化させるだろう。

私はこうした通読本独特の緊張感を味わうことが大好きである。

もちろんそんな私の本も、通読本を想定して執筆していることは言うまでもない。

通読本として読むか、熟読本として読むかは、著者ではなく読者が決めることだが、少なくとも私は、通読本として読み捨ててもらう真剣勝負が好きだ。

通読本を読み捨てる覚悟で読んでいると、読解力が上がるだろう。

たとえば大学受験の現代文を思い出してもらいたい。
読解するには厳しい制限時間が設けられており、
何度も読み返したり熟読したりする時間などはない。
あれはまさに、短時間でどこまで読解できるかの能力を試しているためである。
最後に、速読術についても触れておきたい。
世の中には様々な速読術が存在するが、
私はその多くに効果は認められないと感じている。
私が効果を確認できた速読術は、たった一つである。
文章を読む際、心の中で音読せず、目だけで読むと一気にスピードが上がる。

学びのPOINT

通読本とは〝一夜限り〟で読み捨てる本。緊張感を持って読むことで、あなたの読解力は急上昇する。

Chapter5

Section

44

熟読本は、一生反復するつもりで何度も読み返す。

通読本の素晴らしさは、すでに述べた通りだ。

とはいえ、私は熟読本が嫌いだとか必要ないと主張するつもりは毛頭ない。

なぜなら私自身、これまでに数々の熟読本に支えられてきたからである。

私は原則として、初めて読んでから24時間以内に何かの理由で再読した本を、熟読本としてストックすることにしている。

そうしてストックされた本がこれまでに500冊ほどあるが、通読本同様に、それらどれもが私の人生を支えてくれた。

本当に、いくら感謝してもし切れないほどだ。


それら熟読本の中でも20冊ほどは、何回読んだか記憶にないほど読んだため、手垢にまみれてセロハンテープだらけになっている。


少し油断すると分解してバラバラになりそうなほどだ。

インターネット書店でそれらの本を検索してみると、中には数十万円の値段がついているものもある。

どうして復刻されないのか不思議だが、それだけマニアックなのかもしれないし、価値を理解できる人が少ないのかもしれない。

私自身は仮に1億円の値がついても手放すつもりは毛頭ないし、一生かけて何度も読み返すつもりだ。

1億円の値がついたなら、本の内容をテキスト化や音声化して売ってしまえばいい、と思うかもしれないが、そうはいかない。

それらの熟読本は内容だけではなく、紙と印刷の匂い、手触りなども含めて、私の身体の一部になっているからである。

たとえば大学受験で猛烈に勉強した人は、ボロボロになるまで使い込んだ英単語帳があるはずだ。その英単語帳の、紙と印刷の匂いや手触りには、何とも言えない思い出が詰まってはいないだろうか。

私の所蔵する熟読本も、それと同じである。
ここだけの話、

本の著者よりもその本の内容について詳しいという自信があるし、本文中の細かい数値やデータも完璧に記憶してしまっている。

それが一体何の役に立つのかと問われると、きっと何の役にも立たないと思う。
だが、私がその本について地球上で最も詳しく、味わい尽くした自信がある。
人と同じように本も一冊を徹底的に愛し抜くことで、他を愛し、他に愛されるのだ。

学びのPOINT

心酔した本は何度も深く読み込んで十二分に味わいつくそう。その体験が、あなたの人生を何倍も豊かなものにする。

あなたの中に残る読書は、
すべて正しい。

You can do it by learning hard.

CHAPTER 6

Life

本当の「人生」を、
あなたは知らない。

Chapter6

Section

45

「終わり良ければすべて良し」は、嘘である。

年齢を重ねるにつれて、身近な人が亡くなることが増えてくるだろう。
人は誰もが死ぬものであり、永遠に生きながらえる人類はいない。
生きるということは、死ぬということでもある。
常に死に向かって我々は生きているのだから。
そうして死に向かって生きる我々は、
どんな人生ならば幸せだと感じるのだろうか。

これまで様々な人の死に際を見て
私が感じた率直な感想は、
「終わり良ければすべて良し」
というのはどうやら嘘だということだ。

いくら終わりが良くてもプロセスが充実していなければ、
その人生は失敗だと思う。
そもそも「終わりが良い」とは何のことだろう。

最期の瞬間、多くの人に看取られることだろうか。
それとも、最愛の人が傍《そば》に居てくれることだろうか。
厳しいことを言うようだが、そんなのは良い終わり方でも何でもないだろう。
たとえば戦場で戦って死んでいく兵士たちを想像してもらいたい。
彼らの最期は多くの人に看取られることはないし、
最愛の人が傍に居てくれることもない。
だから人生は失敗かと言えば、決してそんなことはないだろう。
功成り名遂げた成功者がジョギング中や旅行中に心臓発作で亡くなったとしても、
私にはとても不幸だとは思えない。
孤独死する元スーパースターが不幸だとも思わない。
なぜなら彼らは人生のプロセスが充実していたからである。
私は大学三年生の夏、心臓に問題が認められて検査入院をしたことがある。
同じ病室の患者は誰もが心臓を患っていて、私の入院中に亡くなった人もいた。
親しく会話をした人間が突然にこの世のものではなくなる経験は、
当時の私にとっては衝撃的なものだった。
以上から私が確信したのは、次のことである。

人生の価値は、自分に与えられた時間をどれだけ好きなことに配分できたかで決まる。今この瞬間をどれだけ納得して生き切ったか。その積み重ねが、人生の価値を決めるのだ。

今この瞬間を生き切った人は、死に際に必ずこう感謝できるはずだ。「まあこんな人生だったら、もう一度経験してもいいかな。ありがたい、ありがたい」

学びのPOINT

人生は、結果がすべてではない。今この瞬間を生き切ることで人生の価値は決まるのだ。

Chapter6

Section

46

自分に勝った結果として、ついでに他人にも勝つ。

人生において「勝ち負け」を意識することは大切だ。

一人前になるまでは、
他人に勝つことで成長を目指すべきだろう。
そして一人前になってからは、
自分自身に勝つことが大切である。

一人前とは、プロとしての最低基準をクリアしたレベルだと考えてもらいたい。
決してお金持ちではないかもしれないが、
(もしあなたに家族がいれば家族を養って)何とか食べていける状態だ。
これはプロスポーツ選手を見ていればわかりやすいはずだ。
学生レベルの試合では、まずはライバルに勝って目立たない限り、
プロの世界から注目されることはない。
だから何としてもライバルに打ち勝って、目立つべきだ。

プロになるまでは自分と闘っている場合ではない。それは単なる逃げでしかなく、プロになる道は遠ざかっていくばかりである。

ところが一度プロになって活躍の場を与えられたら、話は変わってくる。
自分の勝ちやすい土俵を見つけ、得意分野の技術を常に向上させて、
その土俵で勝ち続けていかなければ一瞬で干されてしまう。
そこで超えるべきはライバルではなく昨日の自分、つまり自分自身なのである。
綺麗事は抜きで、これがプロの世界である。

たとえば私が出版業界で勝負をかける場合も同じだった。
業界で一度「千田琢哉」の看板を掲げるまでは、
ライバルになりそうな著者がいたら徹底的に調べ尽くし、
何が何でも彼らに勝つための戦略を練りに練った。
ここでは経営コンサルタント時代の仕事が、

直接的にも間接的にも大いに役立った。
そして狙い通り看板を掲げるのに成功した次の瞬間、
他の著者には無関心になった。
その落差には周囲も呆れ返るほどだった。
まるで修羅から仏に変わったように、私のライバルは私自身になったからだ。

ライバルは私自身になったというのは、決して楽になったということではない。
むしろ他人に勝つよりも、自分に勝つほうがハードルは高いだろう。
なぜなら、私の志がそれほどに高いからである。

独立当初から掲げている
〜タブーへの挑戦で、次代を創る〜
という私のミッションに、
昨日よりも今日、私は近づいているだろうか。

こうして自問自答しながら、毎日を真剣勝負で過ごしている。
かつてピカソは自分の過去の栄光をすべて破壊して、
次々に新しい世界を切り拓いた。
彼は間違いなく他の誰かではなく、
過去の自分、昨日の自分と闘っていたはずである。
昨日の自分と闘った結果として、世界で最も有名な芸術家となったのだ。
あなたも、あなたの土俵では何かのプロのはずだ。
一流を目指すのであれば誰よりも高い志を立てて、
昨日の自分をライバルにしよう。

学びのPOINT

「自分と闘う」などと言っていいのはプロになった人だけ。まずは全力でライバルたちに勝つことが大切だ。

Chapter6

Section

47

褒められるということは、なめられているということ。

これまでに私はたびたび、次のようなセリフを聞いてきた。

「私は褒められて伸びるタイプです！」
「部下は褒めて伸ばさなければいけません！」

結論から言うと、それは嘘である。

褒められて伸びるのは、幼児がお稽古事をスタートして間もない頃だけだ。それは幼児が精神的に未熟であり、忍耐力も備わっていないため、褒めてやらないと継続できないからである。

幼児でさえ、初期の教育段階を乗り越えれば褒めるだけでは伸びず、時により厳しい指導も必要になる。

いい大人が褒められないとやる気にならないなら、幼児未満の精神年齢に近いということだ。

幼児未満だからこそ、褒められないと拗《す》ねてしまう。

拗ねるという言葉の「拗」という字をよく見てほしい。

「幼」に手偏がついているはずだ。

「幼い手」、つまり「幼い手段」が、拗ねるということなのだ。
自分がチヤホヤされないと、幼い手段を使って拗ねるという訳である。
以上を読んでヒヤッとした人はまだチャンスがある。

「褒められないとやらないこと」は、
人生でやるべきではない。
むしろ、「褒められなくてもやること」が、
あなたの本当にやるべきことなのである。

少し冷静になって考えてもらいたい。

そもそも褒められるということは、
あなたがなめられているということだ。

なぜなら褒めるというのは、上から下に向けての行為だからである。

たとえば社長が平社員を「でかした！」と褒めることは許されても、
平社員が社長を「でかした！」と褒めることは許されない。
中学生くらいからそのことに気づいていた私は、
学校の教師に褒められるたびに酷く落ち込んだし、
新入社員の頃から上司や先輩に褒められることに強い違和感を覚えた。
褒められることに対して常軌を逸するほどに嫌悪感を抱いていたからである。
組織人としてあるまじき態度だったと、今では少々反省している。
その代わり、褒められるために勉強したことは一度もないし、
褒められるために仕事をしたことも一度もない。
その結果、今ここにいる。

学びのPOINT

褒められるために頑張っても成長はない。
自分のために頑張ることで、あなたは飛躍できる。

Chapter6

Section

48

普段考え続けている人が
考えるのをやめた瞬間、
啓示を受ける。

私の本の読者には努力家が多い。
「楽をして稼いでやろう！」「一発当ててやろう！」「人を騙して成功したい！」
といった発想の持ち主は、そもそも私の本の読者にはならないようだ。
それもそのはずで、私自身、それらの実績が皆無だから語る資格がないのである。
これまでに楽をして稼げたことはないし、一発当てたこともない。
人を騙したり、裏切ったりしたこともなければ、闇営業をしたことも一度もない。
周囲と比較しながら、自分の能力を冷静に見極め、
その上で、文筆家としての使命を淡々と果たしているだけである。
今回初めて告白するが、幼稚園の頃か小学生の頃なのかは憶えていないが、
「自分は好きなことで淡々と生きていけるようになる」
ということに、私は薄々気づいていた。
もちろん言語化はできないが、ぼんやりと、しかし強くそう確信していたのだ。
ただ中学生になっても高校生になっても、
「何で」生きていけるのかはわからなかった。
すでにお伝えしたように大学に入ってから読書の楽しさを知り、
「本を書いて生きていきたい！」と思うようになった。

それまでずっと悶々としていたが、その瞬間、霧が晴れたような気分になった。

ずっと考え続けてきた結果として、私がふと考えるのをやめた瞬間に、本を書くという啓示を受けたのである。

読書をしている最中ではなく、読書をしていない時に「本を書こう！」と思った。
より正確には、「本を書こう！」ではなく「本を書ける」という可能形だった。
次の瞬間、本を書くためにはどんな分野で勝負するべきかを考えた。
書きたい分野や憧れの分野ではなく、
自分が書けそうな分野や、楽勝でいけそうな分野で勝負すべきだと考えた。
そのためには就活をして会社員を経験したほうが有利だと思ったし、
天然のふりをして貪欲に人の本音を引き出してやろうと企てた。
転職先の経営コンサルティング会社では、
苦労することなくお金持ちにインタビューができたし、
顧問先の経営陣だけではなく、従業員とも対話することができた。

そして社内の環境は、何よりビジネスモデルの宝庫だった。
将来的に紙の書籍の市場が縮小することは明白だったが、不安などはなかった。
媒体を変えれば無限にコンテンツを提供し続けられるし、
コンサルタントとして磨き上げた「話す力」を付加すれば無敵だと確信していた。

以上の戦略のすべては、
私がリラックスしているひとときに、
突然、意識の中に降りてきた知恵によるものだ。

深い思考を続け、脳に絶え間なく微電流を流し続けていると、
ふと考えを止めた瞬間、そんなひらめきが訪れるのである。

学びのPOINT

いいアイデアは、考え続けていれば生まれるとは限らない。
リラックスするための休憩を間に入れることが重要だ。

Chapter6
Section
49

どんなに好きなことを
やっていても、
極めようとすると使命になる。

楽しいことと楽なことは違う。

たとえば一般にゲームは楽しいものだと思うが、本気で極めようと思ったら、そのゲームプレーヤーは周囲から見て修行僧のように映るに違いない。

なぜなら本気で何かを極めようとすると、それは趣味ではなく使命になるからである。

使命とは、天がその人にある特定の才能を授け、世の中で果たすように命じた役割のことと考えればいい。


どれほどあなたが好きなことであっても、極めようとすればそれは「好きなこと」から「使命」へと変わるのである。


言い換えれば、楽しい行為から大変な行為に変わるということだ。

たとえば私はこうして文章を書いているが、これはもともと好きなことだ。

私自身が一点の曇りもなくそう感じるのだから、間違いないと思う。

しかしこれが楽かと言えば、そんなことは絶対にない。

私は一項目を書き上げるごとに、必ず最初から声を出して読み上げるのだが、

「ん？　この項目には出汁《だし》の一滴がないぞ」と感じたら必ず書き直している。

私自身が膨大な量の本を読んできた経験を踏まえ、読者の立場になって、

「これは価値のある文章か」という視点で目利きをしているのだ。

これまでネタがなくなって苦労したことは一度もないが、

〝どっちのネタを使うのがベターか〟を決めるのに時間をかけることはよくある。

「ここでは保険会社時代のエピソードより、
経営コンサルタント時代のエピソードのほうが面白いな…」

「本書で初公開するのはこのネタよりあのネタのほうが喜ばれるのでは…」

「ここの具体例はソシュールではなく、ハイデガーのほうがベターだったか…」

「ここはハムレットよりマクベスの出番だったな…」

こういうことで悩んでいると、あっという間に半日が過ぎてしまう。

私の書斎には、私以外は誰もいないのだが、
もし隠し撮りされていたら、
かなり苦労している作家に見えるかもしれない。

だが私自身は執筆を心底楽しんでいるし、
書くたびに自分の頭が良くなっていくのが実感できて嬉しい。
私は執筆していない時間、受験生並みに知識をインプットし続けている訳だが、
その試験本番が、執筆というアウトプットの場なのだと考えている。
しかもすべては抜き打ちテストであり、
お題は突然、出版社から「依頼」という形で発表される。
換言すれば、森羅万象すべてが試験範囲ということになり、
私が生まれてから今日までに学んだ知識のすべてが私の武器である。
使命を果たすのはしんどくて大変なことだと思うが、
きっと、やり甲斐だけはある。

学びのPOINT

好きなことを仕事にしても楽しい毎日ばかりではない。
それは、しんどい作業を通じて己の使命を果たす日々だ。

Chapter6

Section

50

自分の使命がわかると、迷いがなくなる。

使命がわかっている人は、とてもわかりやすい。
なぜなら誰に何と言われようと動じず、淡々と生きているからだ。
たとえばSNSで絶大な影響力を持つ人は、誰に何と言われようが動じない。
多くの人に支持されている結果として桁違いの収入があるし、
これが自分の役割だとわかっているからである。
勘違いしてはいけないが、彼らは楽をして稼いでいる訳ではない。
間違いなく楽しんではいるだろうが、途轍もなく緻密な戦略が練られている。
少なくとも人間観察力は卓越しているはずだし、言語能力は極めて高いだろう。
本人たちは告白してくれないかもしれないが、
裏では猛烈に努力しているし、さらにその努力を継続しているはずだ。
猛烈な努力を継続できる理由は簡単である。
自分の使命がわかっているからだ。

自分の使命がわかっていると、
その使命に全エネルギーをフォーカスできる。
全エネルギーを一点にフォーカスすると、

人間は迷わずに猛烈な努力を継続できるのだ。

もともと才能がある上に猛烈な努力を継続するのだから、「何となく楽しそう」とか「楽に稼げそう」と猿真似する連中は痛い目に遭う。

あなたもよく成功者同士の対談を見かけるだろう。

特に異業種同士の成功者の対談は面白くて、私も好きである。

彼らの話の何が役に立つのかと言えば、自分の使命がわかっており、さらにはそれに向かって迷うことなく猛烈な努力をしていることである。

しかもその努力には悲壮感が一切ない。

もちろんそれは、彼らが自分の使命をわかっているからである。

どうして猛烈な努力が継続できるかと言えば、根性があるからでも、忍耐力があるからでもない。


自分の使命がわかっており、その使命を果たすために自分が今の時代、今の場所で生かされていることを、全身の細胞で受容しているからである。

私の場合はそれがたまたま文筆家だったというだけの話であり、あなたにはあなたの使命があるはずだ。

あなたが目の前の仕事に没頭し、努力を続けた結果、人よりも卓越した結果を出した経験を思い出してみてほしい。

たとえ、些細なことであってもいいのだ。

そこに天があなたに与えた使命が隠されているのである。

会社勤めが使命の人もいれば、山籠りする陶芸家が使命の人もいるだろう。


自分の使命がわかったら、迷わず没頭するのが最高の人生である。

学びのPOINT

努力しても結果が出ない人は一度立ち止まろう。自分の使命を考えると、進むべき道が見えてくる。

Chapter6

Section 51

日々淡々と使命を果たしていると、いつ死んでも悔いはない。

世界一の大富豪だろうが、世界一の天才だろうが、人は必ず死んでいく。
こんなことは誰もが知っている。
だが死んだらみんな同じかと言えば、そんなことはないだろう。
成功者たちは死んだ後も、やはりこの世に名前をしばらく残すだろうし、
仮にあの世など存在しなかったとしても、
「いい人生だったな」と、死に際に己の人生に納得できるはずだ。
もっと言えば、社会的に成功したか否かよりも、
自分が心から納得して使命を果たした、と思える人は悔いが少ないだろう。
私はこれまで3000人以上のエグゼクティブたちと対話して気づかされたが、

日々淡々と使命を果たしている人は、
仮に今死んでも悔いはないのだ。

信じられないかもしれないが、これは本当である。
何を隠そう、私自身がその気持ちがよくわかるようになったからである。
勘違いしてもらいたくないが、「今死にたい」という意味ではない。

むしろ私は長生きしたいと思っている。
「今死んでも悔いはない」の真意は、
何らかの事情で突然死ぬことがあったとしても、

「こんなに素晴らしい人生だったのだから、まあいいか」

と思えるということだ。
この際ハッキリ言ってしまうが、私は毎日天国のような人生を送っている。
これは私が決して強がりで言っている訳でもなければ、
見栄を張っている訳でもないことは、
ここまで読み進めてくれた読者には伝わると思う。
日々使命を淡々と果たしている人生は、まさにこの世が天国そのものなのだ。
だから死んでもしあの世など存在しなかったとわかっても、
私はもうこうして天国を堪能しているのだから、
「仕方ないな」とあっさり認めることができる。

自分の使命を見つけ、それを果たすために生きる人生は、
それほどに素晴らしいものなのだ。
換言すると、自分の使命がまだ見つかっていない人、
今この瞬間を幸せに生きられていない人は、死が途轍もなく怖いと思う。
この世で天国を経験したことがない人は、
「あの世に天国がなかったらどうしよう」と大きな不安に襲われるはずだ。
私は超リアリストだから、死後の世界など存在しないものとして毎日生きている。
「もし死後の世界があったら、ラッキー！」くらいに軽く考えている。
断言できるのは、

「今この瞬間」を味わえない人は、この世もあの世も地獄ということだ。

POINT

人生の意味を知ることはとても難しい。大切なのは「今この瞬間」を味わうことである。

Chapter6
Section
52

過去でもなく、未来でもなく、今この瞬間の連続が人生だ。

最後に「今この瞬間」について考察したいと思う。

哲学には「実存主義」というものがあるが、実存とは現実存在の略である。

要は、現実に存在するものから目を背けずに、
地に足をつけて生きようという思想のことだ。

これは西洋の近代哲学を完成させたと言われる弁証法で有名なヘーゲルを批判した、キルケゴールが生みの親だとされている。

ヘーゲルの弁証法である、

「相矛盾するものをより高次元で一体化させる手法」は無敵であり、
私も経営コンサルタント時代、クライアント企業内部のトラブル処理で、
対立する両者をまとめる際にこの手法を活かした。

(「三角派」と「丸派」を納得させるために「円錐」を一緒に作った)

ヘーゲルによれば、

「この世は弁証法によって、人はいつか究極の真理に辿り着くことができる」

ということだった。
だがキルケゴールは違った。
「確かに弁証法によって、いつかは真理に辿り着けるかもしれない。
だがそれにはどのくらい時間がかかるのか？
百年？　千年？　1万年？　ひょっとして1億年？
そんな悠長なことを言っていたら、我々の寿命はそれまでに尽きてしまう。
たとえ仮でもいいから、
今を生きる我々が〝真理だ〟と思える真理を目指そう。
とりあえず、今を大切に生きようよ」
彼はそう述べたのである。

次の時代に登場したサルトルは、
さらにこの二人の天才たちの思想を、弁証法によって一体化させようと試みた。
自ら先頭に立って、資本主義に共産主義をぶつければ、
偉大なる次の時代が到来すると考えたが、

ぶつけた共産主義そのものが間違いであったことは、時代が証明している。
三角派に四角派をぶつけても、理想の円錐を完成できなかったのだ。

哲学は古今東西の天才たちが偉大な頭脳を絞りに絞って生まれた思想だが、
それでも、いずれは完膚なきまでに叩きのめされる瞬間がやって来る。
私はよく「ありのままの事実を受容せよ」というメッセージを発しているが、
それは実存主義に由来している。
あらゆる哲学は「存在とは何か？」を考えることからスタートする。

確かなのは過去でもなく、未来でもなく、今この瞬間の連続が人生ということである。

デカルトが「我思う、ゆえに我あり」と述べたように、
たとえ夢であっても、あなたがこうして本を読み、
思考しているのは揺るぎない事実なのだ。

今この瞬間をありのまま受容し、感謝して、淡々と生きようではないか。
今をきちんと生きることが、
あなたの過去を塗り替え、あなたの未来を創るのだから。

学びの
POINT

人生は迷うことだらけだが心配はいらない。
今をきちんと生きていれば、すべてはうまくいく。

「今この瞬間」への感謝が、
人生を創る。

You can do it by learning hard.

『お金を稼ぐ人は、なぜ、筋トレをしているのか？』

『さあ、最高の旅に出かけよう』

『超一流は、なぜ、デスクがキレイなのか？』

『超一流は、なぜ、食事にこだわるのか？』

『超一流の謝り方』

『自分を変える 睡眠のルール』

『ムダの片づけ方』

『どんな問題も解決する すごい質問』

『成功する人は、なぜ、墓参りを欠かさないのか？』

『成功する人は、なぜ、占いをするのか？』

『超一流は、なぜ、靴磨きを欠かさないのか？』

『超一流の「数字」の使い方』

＜ソフトバンク クリエイティブ＞

『人生でいちばん差がつく20代に気づいておきたいたった１つのこと』

『本物の自信を手に入れるシンプルな生き方を教えよう。』

＜ダイヤモンド社＞

『出世の教科書』

＜大和書房＞

『20代のうちに会っておくべき35人のひと』

『30代で頭角を現す69の習慣』

『やめた人から成功する。』

『孤独になれば、道は拓ける。』

『人生を変える時間術』

＜宝島社＞

『死ぬまで悔いのない生き方をする45の言葉』
【共著】『20代でやっておきたい50の習慣』
『結局、仕事は気くばり』
『仕事がつらい時 元気になれる100の言葉』
『本を読んだ人だけがどんな時代も生き抜くことができる』
『本を読んだ人だけがどんな時代も稼ぐことができる』
『１秒で差がつく仕事の心得』
『仕事で「もうダメだ!」と思ったら最後に読む本』

＜ディスカヴァー・トゥエンティワン＞

『転職１年目の仕事術』

＜徳間書店＞

『一度、手に入れたら一生モノの幸運をつかむ50の習慣』

『想いがかなう、話し方』

『君は、奇跡を起こす準備ができているか。』

『非常識な休日が、人生を決める。』

『超一流のマインドフルネス』

『５秒ルール』

『人生を変えるアウトプット術』

＜永岡書店＞

『就活で君を光らせる84の言葉』

＜ナナ・コーポレート・コミュニケーション＞

『15歳からはじめる成功哲学』

＜日本実業出版社＞

『「あなたから保険に入りたい」とお客様が殺到する保険代理店』

『社長!この「直言」が聴けますか？』

『こんなコンサルタントが会社をダメにする!』

『20代の勉強力で人生の伸びしろは決まる』

『人生で大切なことは、すべて「書店」で買える。』

『ギリギリまで動けない君の背中を押す言葉』

『あなたが落ちぶれたとき手を差しのべてくれる人は、友人ではない。』

＜日本文芸社＞

『何となく20代を過ごしてしまった人が30代で変わるための100の言葉』

＜ぱる出版＞

『学校で教わらなかった20代の辞書』

『教科書に載っていなかった20代の哲学』

『30代から輝きたい人が、20代で身につけておきたい「大人の流儀」』

『不器用でも愛される「自分ブランド」を磨く50の言葉』

『人生って、それに早く気づいた者勝ちなんだ!』

『挫折を乗り越えた人だけが口癖にする言葉』

『常識を破る勇気が道をひらく』

『読書をお金に換える技術』

『人生って、早く夢中になった者勝ちなんだ!』

『人生を愉快にする！超・ロジカル思考』

『こんな大人になりたい!』

『器の大きい人は、人の見ていない時に真価を発揮する。』

＜ＰＨＰ研究所＞

『「その他大勢のダメ社員」にならないために20代で知っておきたい100の言葉』

『好きなことだけして生きていけ』

『お金と人を引き寄せる50の法則』

『人と比べないで生きていけ』

『たった１人との出逢いで人生が変わる人、10000人と出逢っても何も起きない人』

『友だちをつくるな』

『バカなのにできるやつ、賢いのにできないやつ』

『持たないヤツほど、成功する!』

『その他大勢から抜け出し、超一流になるために知っておくべきこと』

『図解「好きなこと」で夢をかなえる』

『仕事力をグーンと伸ばす20代の教科書』

『君のスキルは、お金になる』

『もう一度、仕事で会いたくなる人。』

＜藤田聖人＞

『学校は負けに行く場所。』

『偏差値30からの企画塾』

『「このまま人生終わっちゃうの?」と諦めかけた時に向き合う本。』

＜マガジンハウス＞

『心を動かす 無敵の文章術』

＜マネジメント社＞

『継続的に売れるセールスパーソンの行動特性88』

『存続社長と潰す社長』

『尊敬される保険代理店』

＜三笠書房＞

『「大学時代」自分のために絶対やっておきたいこと』

『人は、恋愛でこそ磨かれる』

『仕事は好かれた分だけ、お金になる。』

『１万人との対話でわかった 人生が変わる100の口ぐせ』

『30歳になるまでに、「いい人」をやめなさい!』

＜リベラル社＞

『人生の９割は出逢いで決まる』

『「すぐやる」力で差をつけろ』

千田琢哉著作リスト

（2019年10月現在）

＜アイバス出版＞

『一生トップで駆け抜けつづけるために20代で身につけたい勉強の技法』

『一生イノベーションを起こしつづけるビジネスパーソンになるために20代で身につけたい読書の技法』

『1日に10冊の本を読み3日で1冊の本を書く ボクのインプット＆アウトプット法』

『お金の9割は意欲とセンスだ』

＜あさ出版＞

『この悲惨な世の中でくじけないために20代で大切にしたい80のこと』

『30代で逆転する人、失速する人』

『君にはもうそんなことをしている時間は残されていない』

『あの人と一緒にいられる時間はもうそんなに長くない』

『印税で1億円稼ぐ』

『年収1,000万円に届く人、届かない人、超える人』

『いつだってマンガが人生の教科書だった』

＜朝日新聞出版＞

『仕事の答えは、すべて「童話」が教えてくれる。』

＜海竜社＞

『本音でシンプルに生きる！』

『誰よりもたくさん挑み、誰よりもたくさん負けろ！』

『一流の人生 人間性は仕事で磨け！』

『大好きなことで、食べていく方法を教えよう。』

＜学研プラス＞

『たった2分で凹みから立ち直る本』

『たった2分で、決断できる。』

『たった2分で、やる気を上げる本。』

『たった2分で、道は開ける。』

『たった2分で、自分を変える本。』

『たった2分で、自分を磨く。』

『たった2分で、夢を叶える本。』

『たった2分で、怒りを乗り越える本。』

『たった2分で、自信を手に入れる本。』

『私たちの人生の目的は終わりなき成長である』

『たった2分で、勇気を取り戻す本。』

『今日が、人生最後の日だったら。』

『たった2分で、自分を超える本。』

『現状を破壊するには、「ぬるま湯」を飛び出さなければならない。』

『人生の勝負は、朝で決まる。』

『集中力を磨くと、人生に何が起こるのか？』

『大切なことは、「好き嫌い」で決めろ！』

『20代で身につけるべき「本当の教養」を教えよう。』

『残業ゼロで年収を上げたければ、まず「住むところ」を変えろ！』

『20代で知っておくべき「歴史の使い方」を教えよう。』

『「仕事が速い」から早く帰れるのではない。「早く帰る」から仕事が速くなるのだ。』

『20代で人生が開ける「最高の語彙力」を教えよう。』

『成功者を奮い立たせた本気の言葉』

『生き残るための、独学。』

『人生を変える、お金の使い方。』

『「無敵」のメンタル』

『根拠なき自信があふれ出す！「自己肯定感」が上がる100の言葉』

『いつまでも変われないのは、あなたが自分の「無知」を認めないからだ。』

＜KADOKAWA＞

『君の眠れる才能を呼び覚ます50の習慣』

『戦う君と読む33の言葉』

＜かんき出版＞

『死ぬまで仕事に困らないために20代で出逢っておきたい100の言葉』

『人生を最高に楽しむために20代で使ってはいけない100の言葉』

『20代で群れから抜け出すために顰蹙を買っても口にしておきたい100の言葉』

『20代の心構えが奇跡を生む【CD付き】』

＜きこ書房＞

『20代で伸びる人、沈む人』

『伸びる30代は、20代の頃より叱られる』

『仕事で悩んでいるあなたへ 経営コンサルタントから50の回答』

＜技術評論社＞

『顧客が倍増する魔法のハガキ術』

＜KKベストセラーズ＞

『20代 仕事に躓いた時に読む本』

『チャンスを掴める人はここが違う』

＜廣済堂出版＞

『はじめて部下ができたときに読む本』

『「今」を変えるためにできること』

『「特別な人」と出逢うために』

『「不自由」からの脱出』

『もし君が、そのことについて悩んでいるのなら』

『その「ひと言」は、言ってはいけない』

『稼ぐ男の身のまわり』

『「振り回されない」ための60の方法』

『お金の法則』

『成功する人は、なぜ「自分が好き」なのか？』

＜実務教育出版＞

『ヒツジで終わる習慣、ライオンに変わる決断』

＜秀和システム＞

『将来の希望ゼロでもチカラがみなぎってくる63の気づき』

＜新日本保険新聞社＞

『勝つ保険代理店は、ここが違う！』

＜すばる舎＞

『今から、ふたりで「5年後のキミ」について話をしよう。』

『「どうせ変われない」とあなたが思うのは、「ありのままの自分」を受け容れたくないからだ』

＜星海社＞

『「やめること」からはじめなさい』

『「あたりまえ」からはじめなさい』

『「デキるふり」からはじめなさい』

＜青春出版社＞

『どこでも生きていける 100年つづく仕事の習慣』

『「今いる場所」で最高の成果が上げられる100の言葉』

『本気で勝ちたい人は やってはいけない』

『僕はこうして運を磨いてきた』

＜総合法令出版＞

『20代のうちに知っておきたい お金のルール38』

『筋トレをする人は、なぜ、仕事で結果を出せるのか？』

<著者略歴>

千田琢哉 ◎せんだ　たくや

文筆家。愛知県犬山市生まれ、岐阜県各務原市育ち。

東北大学教育学部教育学科卒。日系損害保険会社本部、大手経営コンサルティング会社勤務を経て独立。コンサルティング会社では多くの業種業界におけるプロジェクトリーダーとして戦略策定からその実行支援に至るまで陣頭指揮を執る。のべ3,300人のエグゼクティブと10,000人を超えるビジネスパーソンたちとの対話によって得た事実とそこで培った知恵を活かし、"タブーへの挑戦で、次代を創る"を自らのミッションとして執筆活動を行っている。

著書は本書で163冊目。

ホームページ：http://www.senda-takuya.com/

いつまでも変われないのは、あなたが自分の「無知」を認めないからだ。

2019年10月8日　第1刷発行

著　者　千田琢哉
発行人　鈴木昌子
編集人　滝口勝弘
編集長　倉上　実
発行所　株式会社　学研プラス
〒141-8415
東京都品川区西五反田2-11-8
印刷所　中央精版印刷株式会社

〈この本に関する各種お問い合わせ先〉
・本の内容については
Tel 03-6431-1473（編集部直通）
・在庫については
Tel 03-6431-1201（販売部直通）
・不良品（落丁、乱丁）については
Tel 0570-000577
学研業務センター
〒354-0045 埼玉県入間郡三芳町上富279-1
・上記以外のお問い合わせは
Tel 03-6431-1002（学研お客様センター）

学研の書籍・雑誌についての新刊情報・詳細情報は、下記をご覧ください。
学研出版サイト　https://hon.gakken.jp/

学研プラス　千田琢哉の本

人生を変える、お金の使い方。

使えば使うほど、ブーメランのようにググッと還ってくる!
「最強のお金の使い方」を千田琢哉が大胆コーチ!

CHAPTER 1　お金は、ブーメランである。
CHAPTER 2　「仕事」を最大化する、お金の使い方。
CHAPTER 3　「時間」を最大化する、お金の使い方。
CHAPTER 4　「人間関係」を最大化する、お金の使い方。
CHAPTER 5　「恋愛」を最大化する、お金の使い方。
CHAPTER 6　「人生」を最大化する、お金の使い方。

定価：1300円＋税
ISBN978-4-05-406675-5

学研プラス　千田琢哉の本

根拠なき自信があふれ出す！

「自己肯定感」が上がる100の言葉

仕事、人間関係、お金、恋愛、教養…
言葉を変えると、あなたの人生は「最強」に進化する！

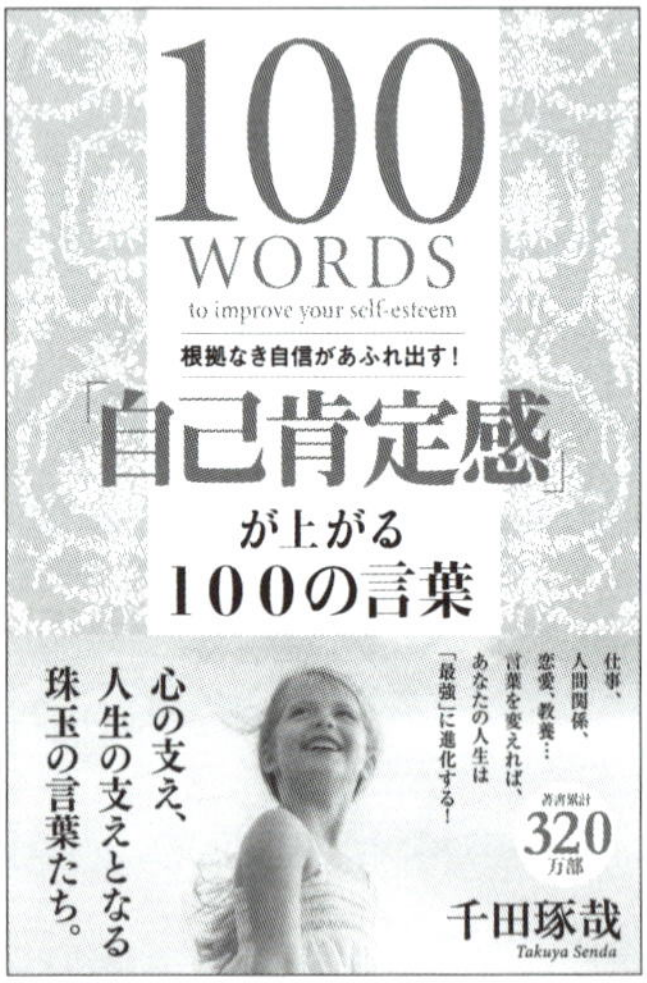

人間が揺るぎのない自己肯定感を持つにはどうしたらよいか。
他人から実体のない100の激励をもらうより、
100の強靭な言葉と正面から向き合うことが重要だ。
「日常」「週末」「仕事」「恋愛」「教養」…
根拠なき自信があふれ出す、珠玉の言葉たち。

定価：1300円＋税
ISBN978-4-05-406732-5